RUBENS ROCHA

ENLOUQUEÇA COMIGO

Poesias, contos e crônicas.

Enlouqueça Comigo!

Capa crada por:

www.instagram.com/lauramartins.dsgn/

Correção: Aida Maria Mendes de Lima

Diagramação: LivroEbook Diagramação e Design


```
Rocha, Rubens
    Enlouqueça, comigo! [livro eletrônico] / Rubens
Rocha. -- Uberlândia, MG : Ed. do Autor, 2022.
    PDF

    ISBN 978-65-00-58657-2

    1. Contos brasileiros 2. Crônicas brasileiras
3. Poesia brasileira I. Titulo.

22-138854                                    CDD-B869.8
```

Índices para catálogo sistemático:

1. Antologia : Literatura brasileira   B869.8

Inajara Pires de Souza - Bibliotecária - CRB PR-001652/O

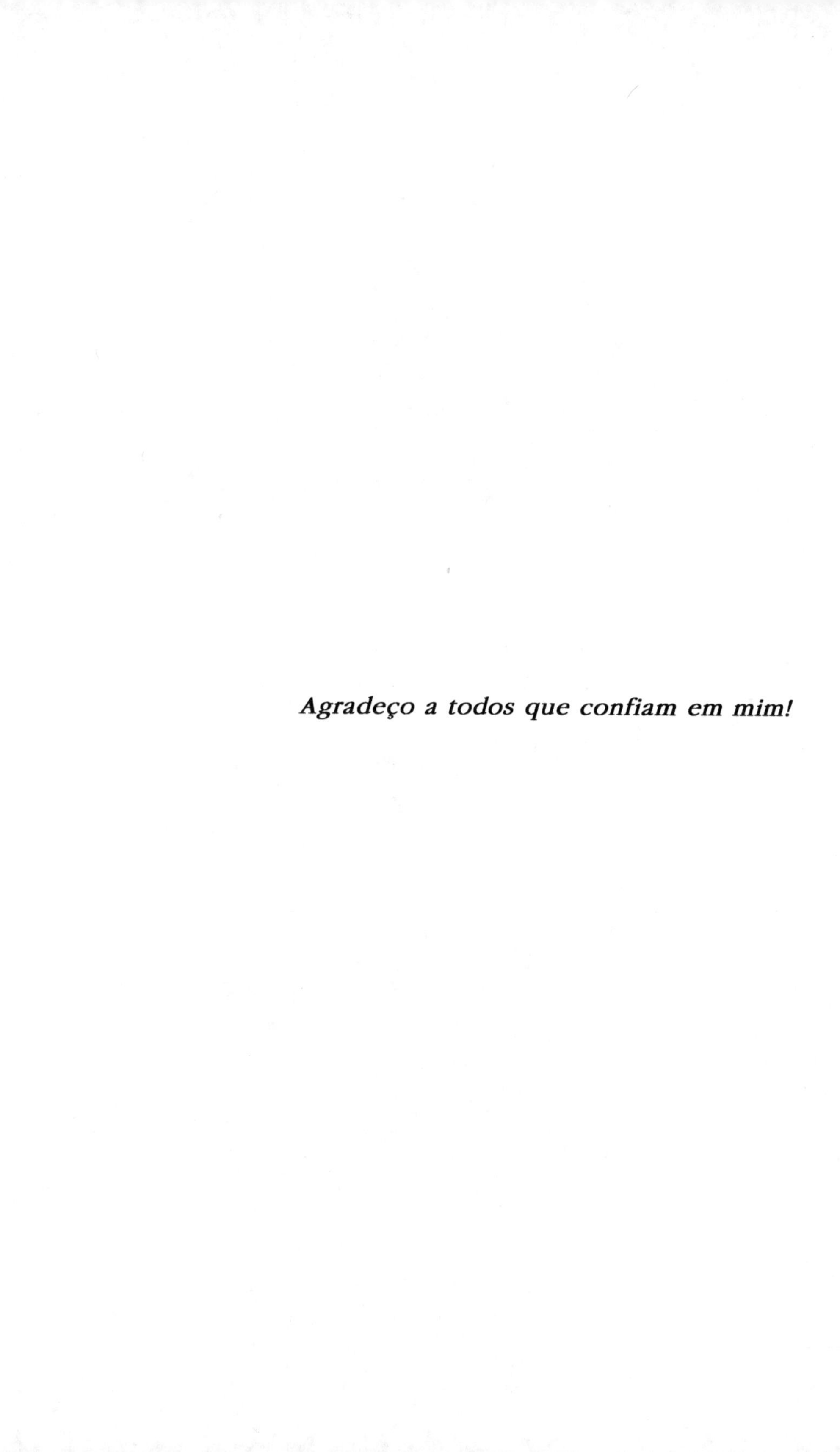

Agradeço a todos que confiam em mim!

Sumário

Introdução

O que define a normalidade? Podemos realmente afirmar que somos normais? A diversidade de nossos pensamentos, sentimentos, ações, palavras, atitudes e comportamentos não implica necessariamente que estamos agindo de maneira "anormal". Afinal, o que significa pensar "normalmente"? Essa perspectiva, muitas vezes tediosa e perigosa, torna-se rotineira e medíocre, gerando exaustão associada a ser considerado normal.

Por que um livro deve se conformar a padrões preestabelecidos? Não há tal obrigação! Um livro pode ser uma mistura caótica de ideias e emoções, desafiando expectativas convencionais. A constatação de que meu pensamento difere do seu não deveria ser interpretada como uma sentença absoluta e cruel, indicando insanidade ou falta de juízo, ou que não nos gostamos, nos amamos... discordar também é amar!

Você se considera "normal"? Se sim, lamento por você. Talvez seja o momento de se conhecer mais profundamente. Se não se identifica com essa normalidade, se já se sentiu cansado de ser algo que não é, então venha enlouquecer comigo! Liberte-se das expectativas alheias e seja quem deseja ser. Principalmente você! Quebre os padrões! Faça algo diferente, que diga de fato quem é você. Não diga: Eu sou, diga: Sou eu... Não preciso te explicar e você também não... Não se preocupe com olhares laterais, olhares superiores ou inferiores. Permita-se ser "anormal", nem que seja por um breve momento!

Posteriormente, se assim desejar, retorne à normalidade. Mas, só se desejar... No entanto, seja sempre você mesmo! Este livro, caótico e misturado, pode ser tudo o que você deseja ou nada do que esperava. Eu não me importo... Talvez só um pouquinho..., mas não muito... Diga o que quiser, exceto que ele é igual a todos os outros, ou diga que sim... se é o que você pensa e é isso que importa. Ter opinião. Não viver para agradar, ser reconhecido e aplaudido. Esse é o meu modo de enlouquecer: não me preocupar e não ter que agradar. Aceita o desafio? Enlouqueça comigo! Liberte-se deste monstro!

POESIAS

REFLEXOS DA SOLIDÃO

Samba a mulata na praia,

Bebe a cachaça o homem
encostado e displicente,

Canta o velho pandeiro.

No campo corre a bola,

Na geral a mulher grita o gol,

É seu filho.

Na sala um corpo incorpora,

Uma prostituta me namora,

Um menino chora a fome.

Na cela um ladrão ainda
rouba,

No beco mais um velho
caído,

Mais um cidadão entorpecido.

No palco um cantor canta,

Na plateia a noiva vibra,

O noivo a cerca enciumado.

Na sala o mestre fala,

Um aluno dorme, acomodado
e despreocupado,

É um aluno que diz que um
dia vai se salvar, será?

Morre mais uma criança...

Brindamos com champanha o
ano novo,

Fujo com medo do meu pró-
prio medo.

Vence a solidão,

Piso firme a areia branca,

Uma dama me chama,

Abraço o corpo que se
oferece,

Eu te amo – ela diz... eu rio...

Declamo versos idiotas,

Ouço música barulhenta,

Enlaço a dama.

Beijo a boca cheia de batom,

Respiro o seu cheiro,

Acaricio seu corpo flácido,

Fazemos sexo e amor,

Ela faz amor...

Eu brinco...

Desprezo a dama que me pede pagamento,

Digo não,

Chora sua ira rogando pragas,

Ouço suas lamentações,

Maldições...

Onde o amor?

Só sexo fortuito!

Minha gargalhada me soa doentia,

Olho seu rosto marcado pelo tempo,

pela dor,

pela vida,

Dolorida e sofrida,

Sinto mais do que vejo, que lágrimas escorrem...

Humilhada!

Humilhação!

Eu a humilho... eu a estou...

Suas lágrimas me surpreendem,

Me aproximo devagar...

Muito lentamente...

Pago o amor que me vendeu,

Ou que queria dar?

Daria,

Se ainda fosse capaz de amar... Não mais?

Ainda está lá

Escondido?

Machucado?

Ferido!

Vida dura, sofrida, cicatrizada...

Não perdeu, foi arrancado...

Nada mais sei...

Eu nunca sei.

Afinal, eu precisava ouvir ou mais uma vez fingir?

Fugir.

Ela me olha e sorri sem jeito,

Envergonha?

Peço que me perdoe,

Ela se assusta,

Reage...

Ela me olha com os olhos brilhando,

Segura minha mão...

Acaricia-me o rosto... suavemente...

Me beija nos lábios...

Eu me assusto!

E ela como uma criança feliz,

Me chama para brincar

Me chama para o mar...

E agora me chama para amar...

Laços Invisíveis

Os seus olhos guardam segredos,

Que a minha alma decifra.

Sua boca sussurra veneno,

Que ecoa e não ignoro.

Seu corpo ainda é um espectro,

Que meus sonhos revisitam.

O amargor na minha boca persiste,

Lembrando-me que um dia seus lábios foram meus,

E que um dia toquei seu rosto com ternura.

Meus olhos fatigados e nublados,

Fazem-me enxergar em outro semblante,

Uma imagem semelhança à sua.

Meu corpo excitado e inquieto,

Torna-me desesperado,

Sentindo o calor que emana de você...

A noite termina,

O dia inicia e finda,

E a noite retorna.

Tudo se repete, não tão diferente assim.

Meus lábios pálidos,

Trêmulos,

Sussurram o seu nome

Meu peito enfermo,

Ferido e carente,

Implora por você.

Minha alma enlouquecida,

Sofrida e ferida,

Se confunde, se perde e recorda você.

Eu sou você,

E isso paira intensamente no ar que respiro,

Na noite em que me entrego,

Nos sonhos que sonho,

Nos desejos que exalo,

Nas soluções que oculto,

Na sede que sufoco,

Na febre que arde,

Nas lágrimas que não contive,

No amor que sinto,

E no quanto amo você!

Meu amor é você!

Amor inocente de menino,

Amor carente de adolescente,

Amor pleno em sua imperfeição.

Sempre, talvez... ou quase...

Quase insano ou tolamente
absurdo.

Viver é amar,

Viver é se consumar,

Viver é renascer,

Viver, amar e persistir,

Viver e amar sempre...
eternamente

Sem ter como esquecer...

E nunca desejar...

Desejar esquecer...

Encontros Inesperados

Descobri a vida conspirando
a meu favor

Vi o sol brilhando,

Os pássaros entoando

A luz clara, luminosa,
vibrando.

Descobri a vida conspirando
a meu favor

Encontrei o amor tão
próximo,

Percebi que é apenas dar,

Sem a preocupação de
receber,

É entregar-se de corpo,

De alma também,

Sem medo,

Sem rancor,

Sem raiva,

Sem amanhã,

Só o hoje,

O agora,

O instante,

O momento.

Descobri a vida conspirando
a meu favor

Você sabe por quê?

Porque estou aprendendo a
amar,

Amar sem defesas,

Amar sem barreiras,

Amar sem preconceitos,

Amar sem mágoas,

Amar, libertando.

E o amor é assim,

Amor que se entrega,

Amor que se doa,

Amor sem limite,

Amor infinito.

Descobri o amor rasgando a
alma,

Descobri o amor abrindo

E rasgando o peito.

Descobri o amor... amando,

Descobri o amor... sofrendo,

Descobri o amor... chegando,

Descobri o amor... partindo.

Descobri que ele é um
presente,

Quando chega,

E nem sempre tristeza
quando vai.

Descobri que o amor é
essência,

Que não se apequena na
minha,

Sua,

Nossa,

Infantilidade.

Descobri que o amor é
Divino,

É que é vivo enquanto vivo,

É que é vivo mesmo quando
parte.

Que ele "é" sempre presente,

No instante,

No momento,

Mesmo na ausência.

E então e por que não...?

Amar...

Amar sempre,

Amar mais,

Amar sempre,

Sempre mais.

O DESPERTAR DA SOLIDÃO

A chuva fina que caía Naquela
tarde fria

Fazia sangrar e chorar a alma

A cama desarrumada,

O cabelo despenteado,

O lençol sujo.

Mão trêmula, nervosa,

Pés descalços,

Olhar triste...

Perdido no vazio...

E a chuva fina caindo...

Gesto contido,

Olhar cansado,

Desejo adormecido.
Lembranças...

Muitas...

Saudades...

Também...

Fotografia desbotada,
Rasgada,

Jogada sobre a penteadeira.
Perfume suave entranhado
nas narinas,

Vestido jogado,

Caído e rasgado,

Esquecido sobre a cama.

Peito ardendo,

Desespero crescendo...
Quarto vazio,

Cama fria,

Também vazia.

Janela aberta sorrindo,
Convidando,

Insistente.

Grito rouco,

Sorriso louco,

Voo frio

No vazio...

Frio... ...

nada mais...

... de repente...

... de repente...

nada mais...

A DOR SILENCIOSA

Debruçada sobre o balcão,
ela observa o mundo com os
olhos tristes de uma deusa.
Contempla o infinito e sonha,
mas também chora. Com os
olhos belos de uma deusa, de
puro mel e solidão, sua tris-
teza é palpável.

Agonizo e choro ao vê-la
sofrer, testemunhando lágri
mas que marcam e cicatrizam
seu rosto bonito.

Sinto a boca que deveria
cantar, mas que grita em
silêncio sua dor.

Observo seus lábios que
deveriam se abrir em sorrisos,
fechando-se em um riste de
amargura. Compartilho de sua
dor e choro, escutando seus
soluços e sofrendo junto.

Aproximo-me aturdido pelo
seu perfume, tentando abrir a
boca para dizer algo, mas uma
tênue luz surge em seus olhos,
um brilho que me silencia.

Debruçada sobre o balcão,
ela olha o infinito e sorri
timidamente.

Sua luz irradia, sua beleza
intensifica, impressiona, con-
tagia e contamina.

Olho aturdido e me pergunto:
como ainda consegue ter
esperança, acreditar, confiar?

É NOITE E CHOVE...

É noite e chove. A chuva cai, mas não traz consigo o frio. Um jacaré me observa, enquanto uma onça encharcada me sorri.

É noite e chove. No colchão, ecoam os "ais" dos amantes, com o marido distante, um pobre coitado.

É noite e chove. Alguém se aplica, e sinto o cheiro da droga. Uma lágrima maternal desliza.

É noite e chove. Sombras me assustam, então tranco a porta enquanto meu suor escorre.

É noite e chove. Dois corpos se abraçam, as bocas se mordem, desmaiam em gozo. Os amantes se despedem no portão, na escuridão, ele olha, cheio de ódio e sorri quase louco.

É noite e chove. Um trovão, um relâmpago. Não ouço a última palavra, acho que foi "adeus".

É noite e chove. A mulher se lava, suspira feliz, e um pobre coitado abre a porta.

É noite e chove. Um trovão ou um rclâmpago? Ou um tiro? Sim, um tiro. Uma mulher grita desesperada: "Coitado".

É noite e chove. Um revólver aponta e dispara. Um corpo cai, barriga varada de bala.

É noite e chove. Meus olhos quase já dormem, o urinol transborda. A chuva agora intensa cai.

É noite e chove. Passos apressados na calçada, seringa aplicada na veia. É meu filho que bate à porta.

É noite e chove. O cabaré se anima, um homem desapa-

rece por uma porta. O poeta
toma nota.

É noite e chove. Lua de mel,
hímen rompido. Um grito
brutal de dor.

É noite e chove. Acabou a
energia, sangue abundante...
Deu hemorragia. Uma
criança dorme, uma criança
morre. Fome maldita!

É noite e chove. O jacaré
abre a boca, a onça me sorri,
também faminta.

É noite e chove. Deve ser
pesadelo, sim, deve ser...

O TEMPO SUSPENSO

Quero abrir minha alma com
ternura,

Quero desdobrar meu sorriso
com meiguice.

Quero correr pelo campo
como um menino,

Quero soltar o grito que está
preso na garganta.

Quero soltar o riso, liberar o
canto,

Esquecer o pranto que me
envolve.

Quero andar e depois correr,
Flutuar, voar sem restrições.

Quero abrir meu peito e meus
lábios

Por qualquer encanto que a
vida proporcione.

Quero sentir o sol acariciar
meu rosto,

Enquanto eu flutuo, voo,
esquecido de mim e por mim.

Quero o tempo domado,
quase adormecido,

E eu, assim, aquecido, acari-
ciado, amado, feliz.

Mesmo que seja só por um
momento,

Pois, afinal, o que é a vida
senão uma sucessão de...
Instantes,

Sim, são instantes...

Momentos que definem nossa
existência?

Notícias Perdidas

Perguntaram que notícias eu tenho de você.

Que maldade!

Tive que confessar,

Tive que dizer que hoje eu chorei.

E não foi um choro brando; foi um choro torrencial.

Não foi um choro silencioso; ao contrário, foi todo ele ruidoso, daquele que faz tremer todo o corpo, rasga a alma, lava o peito em enxurrada de lágrimas.

Eu disse, mas nem precisava, (as marcas ainda são visíveis em meu rosto). Hoje eu chorei muito quando me perguntaram de você.

Chorei a ausência, a solidão, a saudade.

Chorei tudo o que podia, chorei até o que não devia.

E, no final, conformei-me. Afinal, a vida é assim...

Vem o sol, vem a noite; eles vêm e vão como as ondas no mar.

E que amores se vivem, se ganham, se perdem.

Amores se vão, amores se ganham e partem inesperadamente.

Amores se perdem, sim, se perdem.

Mas a verdade é que hoje eu novamente chorei.

Não sei por que "novamente", se também ontem eu também chorei.

E amanhã, "novamente", com certeza, chorei muito... Chorei sentido, chorei sofrido, chorei perdido, chorei aquela dor que aperta o peito, chorei aquela dor em que o ar fica faltando, chorei aquela dor que rasga o peito como o "aço frio de um punhal."

Hoje chorei a morte de uma grande amiga, de uma grande companheira... Chorei a morte da minha cadela de estimação. Chorei... chorei muito.

Não ria de mim, só quem tem ou teve, entende a minha dor, a dor que senti, a dor que ainda sinto.

Afinal, quem não teve um amigo ou amiga assim? Quem não teve, não sabe. Silencie, respeite a dor alheia.

Se não sabe, não julgue essa dor e nem diga para arrumar outro. Amor, não se substitui...

Quem teve sabe, e se perdeu um dia, chora, como eu chorei, ao lembrar, ao recordar, ao perguntarem, e ter que responder. Atendendo aos diversos pedidos que eu dê notícias de você.

Dói quando me perguntam: Que notícias eu tenho... Sobre as notícias que eu posso dar...

Que eu tenho para dar... De você!

Até porque eu não tenho nenhuma; só de mim posso falar...

Que estou perdido e sofrido, amargurado e infeliz, choroso e muito choroso, e solitário, muito solitário.

Sombras da Solidão

Ainda guardo comigo

Um medo terrível de
despertar

Pois sei que não a terei Ainda
guardo comigo

Um medo terrível de abrir os
olhos

Pois sei que não a verei
Sozinho em um quarto escuro

Percebo que as horas se
esvaem

Que os passos e o vulto
nunca se aproximam

Sozinho em um quarto escuro

Sinto uma lágrima rolar

E meu corpo cansado Repleto
de desejo, exala solidão

Sozinho em um quarto escuro

Sinto ainda, nos braços,

O aroma do amor

Que se foi

Que permanece na minha
alma

Como a marca da despedida
Que oculto no peito

A dor do adeus

Que ainda amarga em minha
boca,

Palavras não ditas,

Que ainda ecoam em minha
boca,

O soluço de quem ama

E a saudade do adeus...

QUE NEM TODO AMOR SEJA ADEUS...

Que nem todo sonho seja
pesadelo,

Porque sonhar é desejar viver.

Que nem todo beijo seja o
último,

Porque o beijo expressa o
que nem sempre o coração
consegue.

Que nem toda ilusão se
desiluda,

Porque a fantasia é como o
vinho que desce suavemente.

Que nem todo grito seja de
ódio,

Porque seus lábios já me jura-
ram amor.

Que nem todo olhar seja de
rancor,

Porque um dia, tenho certeza,
você me amou.

Que nem todas as suas pala-
vras sejam de mágoa, Porque
antes sempre foram de amor.

Que nem todos os dias sejam
noites de chuvas torrenciais,
Porque o sol que nascerá aca-
lentará meu rosto.

Que nem todo choro seja de
tristeza,

Porque nem sempre nos
ferimos.

Que nem todo suspiro seja de
cansaço,

Porque sei que sempre senti-
remos saudades.

Que nem todo minuto seja
de espera angustiosa, Porque
nem todo brilho desfalecerá.

Que nem todo desejo seja
carnal,

Porque ele nasceu natural do
amor.

Que nem todas as noites
sejam de conflito e dor,
Porque nelas ainda há o seu
perfume.

Que nem todo dia eu viva
para te esquecer,

Porque em meu peito ainda
arde a chama do amor.

Que nem todos os dias sejam
frios e iguais,

Para que eu sempre renasça
na esperança.

Que nem todo adeus seja de
despedida,

Para que o nosso amor não
seja nunca... nunca mais.

CONTOS E CRÔNICAS

A Janela do Mundo

Abro a janela e vejo o sol a brilhar. Observo os pássaros gorjeando felizes pelo céu. As flores dançam ao som de uma música suave trazida pelo vento.

Da minha janela, avisto carros subindo e descendo as ruas em velocidade frenética. Ao longe, é possível perceber duas pessoas que se abraçam, trocando palavras melosas que se derretem sob a luz do sol.

Homens empunham enxadas sobre suas cabeças e as batem com força e violência na terra. Ferem a terra vermelha e, com corpos seminus, realizam uma dança quase macabra, transpirando de forma quase sensual, não fosse pelo calor das 15 horas.

Uma mulher passa bem embaixo da minha janela, e pela sombra de seu corpo na calçada, vislumbro uma barriga imensa. Curvo-me curioso, quase sobre ela, tentando me aproximar e observar mais de perto. Seus olhos são negros, seus traços selvagens, sua boca ríspida e cortante. Seus cabelos desalinhados resistem ao "maldito" vento e a qualquer possibilidade de serem mantidos arrumados. Sua mão pequena e encardida puxa uma criança. É seu filho. Uma criança magricela, de pés descalços, rosto magro, roupas rasgadas e olhar faminto... muito faminto. A criança é feia, muito feia. De repente, uma voz em desespero grita um alerta. Eles ouvem, correm rapidamente pela calçada, afastando-se da rua, escapando de um carro que se aproxima sorrateiramente e em alta velocidade, prestes a atropelá-los.

Uma velha está sentada no alpendre de sua casa, acariciando a cabeça calva de seu "velho", que, em uma cadeira também velha, balança e cochila, esbraveja e reza, murmura e reclama, tudo ao mesmo tempo. Um cigarro caído no canto da boca insiste em queimar seus lábios finos. Seu chapéu, igualmente velho e cansado, repousa caído a seus pés. A cena é romântica e deprimente ao mesmo tempo. Maldito calor...

Em um boteco um pouco mais distante, dois homens bebem. O álcool queima suas gargantas e agride seus estômagos. Riem felizes de sua própria covardia e estupidez. Pedem mais uma bebida. Se arrependem. Pedem logo duas, e que seja dose dupla.

Uma mulher grita com o marido, este enfurecido, defere-lhe um tapa no rosto. Ele a esbofeteia com violência. Ela, assustada, aquieta-se, chorando encolhida em posição fetal, murmurando suas mágoas e medos. Um bêbado passa com um sorriso zombeteiro nos lábios e olha com desprezo para a multidão que assiste em silêncio. Caminha mais alguns passos, cambaleia, grita: "covarde" e depois "covardes". Ele desafia-os com o olhar penetrante, alguém finalmente se levanta, e ele quase cai. Caminha mais alguns passos, cambaleia novamente e, deixando-se cair pesadamente na calçada, sem dar satisfações a ninguém e sem responder aos "covarde" e "covardes" que revidam a ofensa, dorme quase como um anjo.

Vários meninos correm ligeiros atrás de uma bola de pano, gritando: "lá vai Pelé", "bola com Zico", "gol do Dinamite" ... pequenos e maravilhosos guerreiros da bola e de toda uma vida marcada por sofrimento e limitações, quase sem perspectiva de futuro.

No gol, há um menino significativamente menor que os demais. Sua pele é escura, suas roupas estão rasgadas, meias furadas e calçando tênis com um sorriso fácil. Até aqui, tudo bem. Mas por quê, meu Deus?

Fiquei assustado com o que estava testemunhando. Rapidamente, corri e fechei a janela. O som que ele produzia, no entanto, fazia-me recordar o retumbar de uma rajada de metralhadora. Com a mão trêmula, fechei-a de maneira definitiva. Foi como se estivesse em um campo de batalha, onde os mortos caem aos montes, às dezenas, centenas, milhares, milhões... Eu, sem querer, assassinei as pessoas que estavam do lado de fora. Muitas delas já estavam mortas há muito tempo! Então, não fiz mal nenhum!

O peso da decisão começou a se infiltrar na minha consciência. Será que, ao fechar a janela, eu havia selado o destino dessas almas perdidas? Um gesto aparentemente simples, mas carregado de consequências mortais. Enquanto eu me afundava nesse questionamento, uma sensação angustiante de culpa e desespero se apoderava de mim. E, naquele momento, entendi que, mesmo sem querer, havia me tornado cúmplice de uma tragédia que se desenrolava além do vidro fechado.

O silêncio que se seguiu foi ensurdecedor, ecoando o vazio das vidas que involuntariamente encerrei. Eu estava só, aprisionado na minha própria decisão, com o fardo da responsabilidade pesando sobre os meus ombros. Cada respiração parecia carregar o peso daqueles que, através da janela fechada, foram silenciados. E, na solidão do meu ato inadvertido, compreendi que, por vezes, o mal se insinua nos gestos mais simples e a tragédia se esconde nos detalhes banais da vida.

42

Reflexões de uma criança

Mamãe, por favor, não vá embora. Ainda é cedo! Olhe, o sol acabou de se pôr. A cidade ainda está iluminada. Fique mais um pouco aqui comigo! Nossos momentos juntos são tão raros que, às vezes, fico pensando e imaginando se você me deixou, se foi embora sem me falar nada, assim como fez o papai.

Mamãe, perdoe-me se choro, mas às vezes sinto fome, sinto frio, me sinto sozinho. Sei que as minhas necessidades vão além do que você pode me proporcionar, e é por isso que você precisa trabalhar tanto.

Mamãe, por favor, fique um pouco mais comigo! Está tão frio lá fora! Escuta o vento. O quê? Estão te chamando? Deixem que esperem. Esta noite foi feita só para nós dois, não foi? Você precisa ir? Está bem, então fique só mais alguns minutos aqui comigo, por favor, mamãe! Estou com frio!

Mamãe, ainda é cedo. São apenas sete horas. O que é tão importante para você fazer? Que compromissos são esses que nos impedem de ficar mais alguns minutos juntos? A senhora vai trabalhar? Ah, seu patrão quer que você faça horas extras? Entendi... a senhora não conseguiu dar conta de todo o serviço durante o dia. Posso ir com você? Não? Por quê? Eu posso ajudar. Basta você me dizer o que devo fazer. Mamãe, está ficando escuro... estou com medo!

Está bem, eu entendo. A senhora quer me ver bonito, bem-vestido, matriculado em um bom colégio, e é por isso que vai trabalhar a essa hora.

Engraçado, mamãe, a senhora está indo trabalhar todos os dias à noite. Puxa, mamãe, como a senhora trabalha, hein! Sinto-me orgulhoso de ter uma mãe como você!

Sabe, mamãe, não entendo por que as mulheres daqui do morro vivem falando mal da senhora. Você é tão bonita, tão meiga comigo, faz de tudo para me ver feliz, e elas só falam mal de você.

Mamãe, por que ninguém nos visita?

Que palavras são essas que os meninos dizem quando a senhora passa? Eles gritam palavras estranhas, esquisitas, que eu não entendo. Outro dia mesmo, perguntei para a minha professora o significado de uma daquelas palavras. Sabe o que aconteceu, mamãe? Ela me deu um puxão de orelhas, me colocou de castigo e não me deixou descer na hora do recreio. Eu não brinquei e não lanchei... Fiquei com fome! Fiquei com raiva dela!...

Mamãe, você está tão bonita hoje! Seus olhos estão mais azuis do que nunca, sua boca mais vermelha. Seu rosto também está com uma cor diferente, parece mais corado. Seu vestido é novo, não é? Foi seu patrão quem te deu? É tão bonito! Mamãe, por que às vezes noto uma tristeza muito grande nos seus olhos, um desconforto danado, suas mãos se atrapalham e você foge correndo? Você tem vergonha? Vergonha de mim? Mamãe, vou contar um segredo para a senhora. Se eu fosse maior, se já tivesse idade para namorar, casar, iria querer que fosse com uma mulher como a senhora.

Mas teria que ser igualzinha... Eu seria muito feliz, não seria, mamãe? Mamãe, por que você está chorando?

O PESO DAS ESCOLHAS

Com um pontapé, ele arrombou a porta e entrou enfurecido, empunhando um revólver...

"Acordo cedo: o ônibus lotado, gente irritada, empurrões e ofensas. Nunca se encontra um amigo ou conhecido."

"Tenho as mãos grossas cheias de calos, unhas sujas de terra, areia, cimento e cal. O corpo cansado pelo peso dos tijolos e das pedras, costas doloridas pelo peso da massa e do trabalho bruto."

"Meu rosto está enrugado aos trinta e cinco anos, dentes podres precisando de conserto. Camisa cheia de buracos e remendos, calça rasgada e remendada, mesmo assim com furos. Um tênis kichute sujo e fedorento nos pés."

"O encarregado da obra está sempre nervoso, gritando a todo momento, chamando a atenção mesmo quando tudo está certo e bem-feito, mesmo quando tudo está perfeito. Um aumento vergonhoso de salário, o cansaço de mais um dia. A marmita cheia com arroz, chuchu e vento... e mais muito nada."

"O filho que não podia frequentar um colégio melhor. Sapato apertado, furado. Calça curta, desgastada ao estilo do pai. Estilo? Não, falta de condição, pobreza, miséria mesmo. Camisa surrada. Engraxando sapatos na rua, para ajudar em casa. Catando e vendendo papel velho, revirando lixo. Vida perdida e maldita."

"A filha, bem, está com o corpo coberto por um vestido pobre, calçando uma sandália com o salto torto. Seu cabelo, espesso de sujeira, denota descuido e falta de orientação; a mãe, por sua vez, nunca desempenhou seu papel maternal. Seios à mostra por debaixo do vestido vagabundo, sem sutiã. Olhares de desejo fixados nela. Gigolôs ao redor como abutres: ambiciosos, gananciosos, presentes. Ela vai cair... ou já caiu?"

"Um barraco pobre de três cômodos, com uma fossa fedorenta, um fogão descascado e um papagaio tagarela pendurado num canto da parede. Teto aberto para a luz da lua, uma lamparina iluminando as paredes como um fantasma. Um rádio de pilha e uma cisterna no quintal!"

"A mulher nua sobre a cama, seus seios acariciados por mãos que não são as suas. Sua saliva sendo bebida por lábios que não são os seus. A fonte de vida dos seus filhos sendo penetrada, maculada, manchada, corrompida, degenerada, depravada por um corpo que não é o seu. Palavras ditas com o mesmo amor (ou até mais!), sussurradas, gemidas, enchendo o quarto. Suspiros altos. O orgasmo sendo alcançado com mais intensidade... Como não enlouquecer? Como?"

O revólver apontado para os dois corpos nus. A visão coberta, obscurecida de sangue. Rosto enfurecido, gosto amargo na boca. Ódio mortal que mata. A mulher chora, gritos desesperados. Promessas tardias. Arrependimento? Talvez medo, mas não remorso. Mentiras... infidelidade... zombarias... me chama de covarde... de corno... fraco... e muito mais... A mulher chora e ri. O homem correndo... adúltero covarde... não é um homem de verdade. Nunca foi. Adúltera miserável. O dedo... pressionando o gatilho. O cheiro de sangue invade as narinas. O doce cheiro do sangue... o doce cheiro da morte... o doce cheiro da vingança. Tudo terminaria. Sim, tudo. O dedo pressionando lentamente, pressionando... pressionando o gatilho... chega a doer...

Na escuridão dos seus olhos, na suavidade dos seus ouvidos... um grito diferente, doce, desesperado... Pai! E depois...

- Papai! Não atire!

Na escuridão, viu o rosto do filho, pedindo: - Pai, não faça isso! Sentiu o perfume adocicado da filha:

- Papai, não faça isso!

"Como não fazer? A vergonha estampada na cara e na alma. A vergonha amargando os lábios e o espinho enfiado na carne e no espírito."

Um segundo decide uma vida... Um segundo define e marca muitas vidas!

Deu um passo para o lado, afastando-se da porta, colocando-se à esquerda. Deu passagem. A voz fria, gelada, mandando, ordenando:

- Sai! - O revólver apontando para os corpos nus. A mulher gemeu aterrorizada. Com o cano do revólver, ele indicou a rua e repetiu...

- Vai! - A voz era imperiosa e fria... muito fria. Ela realmente nunca o conheceu... Ela tentou pegar o vestido. Ele disse, não! Um cheiro ruim povoava o quarto. Um cheiro muito além do mofo normal.

– Corre! Desaparece! - Disse com a voz gelada. Mas, mais do que a voz, o olhar determinava e decidia... traição, infidelidade, navalha que corta a carne... A vergonha. O vexame. O nome sujo. A zombaria e chacota. A tentativa, finalmente, de pedir desculpas. O joelho cravado no barro. O pedido aflito e tardio de perdão. A indiferença... ela... o nada! Absolutamente, nada!

Joelhos cravados no chão e mãos justapostas implorando misericórdia e compaixão... agora é tarde! Nunca deveria ter acontecido! A rua empoeira tão curta, agora tão comprida... O medo! O medo do tiro nas costas. Ela implorou mais uma vez pedindo para ficar. Ele olhou com o olhar de quem já disse tudo. Nada havia para ser dito agora. O olhar era vazio, inexpressivo, duro, frio... muito frio! Gélido! Aflito! Um calafrio percorreu a espinha vertebral feminina. Dois calafrios, percorreram a espinha vertebral masculina. Uma vez covarde, sempre covarde! Não a defendeu, só chorou e implorou para si! Covarde! Covarde!

Passos trôpegos, lentos. Cambaleante, começou a correr, nua. A rua dura e curta, assistia. Medo! Muito medo! Um barulho, um estrondo. Teria sido um tiro ou teria sido o barulho do seu coração? Ela corria desesperada esperando perder as forças... e o coração? Vai parar de bater? E ela corria. E ele, o amante covarde também corria. Não a defendeu, defendia-se...! Chorou até.

A morte ou a vida? A pergunta ecoava. A morte... A morte! A morte! ... ela sempre vencia...

Ele não tinha por que e do que se envergonhar... ela sim... Ele não queria, mas a dor persistia. A dor lancinante gritava, a humilhação machucava, sangrava, cegava... A morte, morrer ou matar – repetia incansavelmente, delirantemente.

A vista turva, embaçada, obscurecida. O rosto do filho. O olhar vermelho vívido de sangue. O olhar meigo da filha, pedindo, implorando. "Pai! Papai! Não!" A rua curta... comprida... A mão erguida, empunhando o revólver... Vida ou morte? Morte ou vida? ... era a pergunta que ecoava... A chuva naquela tarde agora caía mais forte! O céu agora era cinzento e até fazia frio naquele lugar onde frio não existia.

Ele ficou ali parado, observando a rua dura, vazia e fria, muito fria... As mãos molhadas de suor. Gotejava. A mão calosa, santificada pelo trabalho duro ainda empunhava o revólver, mas estava... limpa, clara, transparente...

Não tinha motivo para se envergonhar... ela sim... A dor gritava, a humilhação doía, machucava, sangrava..., mas a vida vencia... A vida e o viver triunfaram. Que ela vivesse com a vergonha e ele, o adúltero, com a sua própria covardia... e ele como o amor... pelos filhos!

A vista turva. O rosto do filho. O olhar vermelho vívido de sangue. O olhar meigo da filha, pedindo, implorando... chorando? Não mais. Agora sorriam e o abraçavam...

A rua curta... comprida... A mão caída e vazia. Morte? Não! Vida!

Vida? Vida! Vida!

Por entre as teclas...

Neste momento, uma fúria avassaladora me consome, uma tempestade interna prestes a explodir. Ansioso por escapar desse turbilhão, almejo deixar temporariamente para trás o meu escritório. Cedo à irresistível vontade de me afundar diante da máquina de escrever, uma leal companheira ao longo de infindáveis anos. Início, de maneira hesitante, a martelar as teclas, tentando capturar o que se esconde entre meus dedos ágeis. A frustração, como um eco incessante, permeia cada linha, uma sinfonia tumultuada em busca do inexprimível.

O barulho da máquina, inicialmente um incômodo, gradualmente me envolve, tornando-se estimulador de sonhos. Nesse frenesi, imagino-me escritor, não necessariamente famoso, apenas "SER" um escritor: E S C R I T O R. Pronuncio isso com a boca cheia, peito inflado, as palavras sendo soletradas com fervor. Mesmo se for um escritor de um único livro.

Sem reflexão profunda, embarco na jornada de imortalizar meus pensamentos no papel. Que tolo, com ambições tão desmedidas! Silencio por alguns instantes, buscando, tentando dar forma ao abstrato, criando algo para transpor, depositar nesse branco desafiador. A ideia surge: uma poesia. Ah, o desejo antigo de ser poeta. O tema? Uma pergunta que ecoa: social... política... economia... amor... Sim, amor. A maravilha e beleza dessa emoção.

Entusiasmado, mergulho na escrita. Escrevo... escrevo... uma enxurrada de palavras. Ao concluir, ao ler o que produzi, a desilusão me envolve. A poesia é um rascunho desordenado, cheio de formalidades vazias: "Ilmo. Sr. Presidente!" e "Prezado Senhor!" Falta emoção, sobra formalismo. O papel, agora uma bola, é atirado com fúria na cesta de lixo. A poesia, que desafio árduo!

Prudentemente, desisto da poesia. Um conto, então? Sim, um conto! Com esperança, coloco o papel na máquina. Tento, esforço-me para criar uma, duas, três linhas. Minha teimosia é, no mínimo, admirável. O resultado? Nada! Nem uma meia página sequer. A teimosia é elogiável, mas o talento, insuficiente.

Peço, com caridade, que não riam. Escrever contos é uma tarefa árdua. Não consegui forjar uma linha sequer. As ideias entrelaçam-se caoticamente, personagens tentam usurpar seus lugares, fogem ao meu controle. Vilões argumentam para serem heróis, heróis se apresentam como facínoras. A sensação de seguir na contramão é evidente.

Uma folha, habilmente, desliza para a cesta de lixo. Curiosamente, hoje sinto-me inspirado. Academia Brasileira de Letras, lá vou eu! Firme, diante da máquina, encaro mais uma inimiga, vestida de branco, virgem e pura. Ela espera, impassível, sorrindo, zombando da minha incompetência. Sou um combatente, teimoso.

Silenciosamente, prometo à dama de branco que sujarei sua "cara" com palavras belas e significativas, a ponto de fazê-la pedir perdão de joelhos. Sim, de joelhos. Até o cinzeiro parece rir. Cigarros são enfiados nas "fuças" dele, quase transbordando. A garrafa de vinho também está vazia. Desconfio que estou bêbado. Mas eu não bebo e não fumo. Então é isso; descubro os culpados.

Papéis amontoam-se, o lixo não suporta mais folhas, mesmo que façam um... regime. As teclas, velhas e cansadas, mostram exaustão. Minha cabeça lateja. Uma vontade quase insuportável de xingar essa maldita máquina de escrever que suporta meu nervosismo sem reclamar. As teclas "GH" se entrelaçam, uma metáfora do caos.

Arranco a dama de branco dos seus braços... ela permanece virgem. Me olha, sorri, convida, desafia, aproximando e distanciando, chamando... Que tolo! Quero enchê-la de "as", "bes", "asdfgh...". Falta coragem. Covarde, incompetente, admito e concordo.

Pena, dó, de estragar sua beleza, de sujar sua alma, desvirginá-la para ser mais uma no chão ou esquecida num cesto. Sei que posso cobri-la de palavras de diferentes significados, mas nenhuma delas merece adormecer sobre seu corpo puro, límpido e imaculado. A incapacidade e a incompetência são minhas. Ela é definitivamente inocente.

É, eu desisto. Por hoje! Porque sou valente. Amanhã eu volto, e aí tudo será diferente. Com certeza vai. Ah! Se vai! Bem, talvez...

Da Solidão à Redenção

Acordei em uma manhã de domingo escaldante; a luz solar banhava o apartamento, convidando-me a contemplar a paisagem lá fora. Da janela, o céu resplandecia, e uma brisa suave acariciava meu rosto. Os pássaros entoavam uma sinfonia alegre, tornando o dia verdadeiramente encantador.

Decidido a não perder um instante desse domingo radiante, desci apressadamente as escadas e me vi imerso nas ruas. Sem rumo definido, entreguei-me ao calor envolvente e carinhoso que pairava no ar. A solidão matutina era minha companheira, proporcionando uma sensação de domínio e liberdade.

Envolto pela magia da manhã, explorei as ruas, subi e desci morros, transitei entre terra e asfalto. Cada detalhe, por mais simples, manifestava-se cheio de vida e intensidade. No entanto, um cartaz intrigante interrompeu minha jornada, proibindo a entrada de "pessoas estranhas". A ironia da situação me fez sorrir, pois a porta aberta desafiava o próprio aviso.

Embora tentasse prosseguir, a curiosidade me deteve diante dessa peculiaridade. Quem ousaria alertar sobre a entrada proibida em uma porta escancarada? Uma luta interna se estabeleceu: continuar ou recuar? A voz interior insistia para que eu desbravasse aquela porta, como se meu destino estivesse intrinsecamente ligado a ela.

Ao adentrar, deparei-me com um cenário desolador, onde a decadência era evidente. Paredes mofadas e degraus que amcaçavam ceder guiaram-me ao desconhecido, mesmo diante do medo e nojo que sentia. A compulsão por seguir adiante era irresistível, como se uma força invisível me impelisse.

No segundo andar, meu encontro com duas mulheres sem empatia despertou em mim uma mistura de decepção e humilhação. A jornada tornou-se agônica, mas, estranhamente, atraente. No terceiro andar, a visão de jovens cadavéricos e um corredor repleto de caos agravou minha agonia.

O auge do desespero foi interrompido por uma voz paternal, que me guiou a um local que contrastava completamente com o ambiente anterior. A simplicidade, a limpeza e o calor acolhedor revelavam um lar que afrontava o caos circundante.

O sorriso de uma mulher negra, a presença de um homem idoso e uma criança encantadora transformaram minha perspectiva. Naquele instante, a tristeza e a solidão que me acompanhavam foram substituídas por uma compreensão profunda e uma conexão inefável.

De repente, percebi que a verdadeira felicidade não reside na busca incessante por significado, mas na aceitação do simples ato de "viver", de experimentar a vida em sua forma mais pura. Lágrimas de gratidão fluíram, e o peso que carregava desvaneceu-se. Assim, abandonei o prédio marcado pela decadência, sorrindo enquanto relia o cartaz que agora ecoava em mim: "Você não é um estranho! É uma ovelha desgarrada que hoje retorna aos meus braços, ao meu lar! Sê bem-vindo!"

AMANHÃ: O DIA QUE NÃO CHEGA...

Abro os olhos lentamente, ainda envolvido pelo sono. Estendo-me prazerosamente sobre o lençol quase branco e, ao acender a luz, me deparo com uma mulher "desconhecida" ao meu lado. O ronco ecoa livremente, enquanto uma cabeleira abundante, presa por bobes para cabelos número 7, esconde as marcas dos anos sobre os ombros, ocultas por um creme com aroma de limão. A boca entreaberta revela dentes cariados, ausentes e outros tortos, resultado de negligência. Um odor insuportável se espalha pelo quarto.

Salto da cama e consulto o relógio. Maldição! Estou novamente atrasado. Minha "companheira" permanece no quarto, roncando serenamente. Visto-me rapidamente e me precipito porta afora. Na rua, respiro aliviado. Faço uma parada em um bar, tomo um café ralo, amargo e caro. Uma morena lança-me um olhar promissor... principalmente se eu tivesse os "fundos", o que não é o caso.

— Não tenho, minha filha. Nunca tive... talvez, nunca terei... – pensei desanimado.

Nos breves segundos entre o café e o trabalho, decido que hoje será o marco de uma nova fase na minha vida: um dia de liberdade e redenção. Chegou a hora de finalmente encerrar esse ciclo e abrir espaço para o novo. É o momento de recomeçar! Rapidamente acerto a conta e me dirijo ao trabalho, meus passos, antes incertos, agora são firmes e decididos, como uma rocha.

Ao alcançar a rua barulhenta e suja, sinto que algo diferente germinou em meu íntimo, apesar dos quarenta e poucos anos mal vividos. Estou decidido, é assim que penso ao pisar na calçada: mudança. Mudar. Transformar. Refazer. Reconstruir...

Começa agora a minha terceira batalha do dia. A primeira, foi quando acordei ao som do despertador do velho relógio descascado e percebi que, na noite anterior, não tive coragem suficiente para o ato extremo, apesar do álcool ingerido. A segunda, foi lembrar novamente que um dia amei aquela "coisa estranha" que roncava no quarto. A terceira é enfrentar o tumulto do trem no horário de pico, uma tarefa árdua para os desavisados.

Quando o trem chega, a velha história deprimente se repete. Atrasos, gritos, palavrões, o cheiro de suor, a marmita mal tampada, o cheiro de ovo cozido, o perfume barato, empurrões, cotoveladas, cantadas desrespeitosas... tudo tão familiar. Uma repetição exaustiva, como um samba de uma nota só. Mas desta vez, sinto que sou diferente. Será? Observo a multidão com um misto de desdém e repulsa.

— Bando de perdedores! - murmuro entredentes.

Desembarco apressadamente do trem que mal diminuiu a velocidade e me dirijo para fora do terminal. Instintivamente, sigo a multidão zumbi, embora eu não seja mais o mesmo. Internamente, passei por uma transformação, uma reforma pessoal. Ainda assim, decido acompanhar os seres humanos apressados, rotulados e robotizados, assim como eu costumava fazer todos os dias.

Uma angústia e uma tristeza dilacerantes corroíam meu ser. "Liberdade, ainda que tardia", bradei interiormente, enquanto um sentimento de melancolia começava a me envolver. Não! Hoje não seria marcado por tristezas. Hoje, acordei como um homem transformado. Adeus, homem velho! Bem-vindo, homem novo!

Adentrei pelo portão principal da fábrica, que mais se assemelhava a uma grande prisão do que a um emprego. Caminhei firmemente, segurando a marmita na mão direita. Era o "grude" diário, preparado pela velha e detestável "companheira". Uma ânsia louca de me revoltar, gritar, xingar, exigir, dialogar, pedir... e até implorar se fez presente. Sim, implorar. Afinal, emprego está difícil... a crise... "tá" complicado...

Vencido mais uma vez pelo relógio de ponto, ouvi contrariado o alto-falante convocando-me para uma "conversinha de pé de ouvido".

— Desgra... - rosnei, sem ousar concluir.

Não. Hoje não aceitaria humilhações em silêncio. Estava determinado a mudar, a "botar pra quebrar". Adentrei timidamente na sala, indo contra meus próprios pensamentos. Fiquei de pé, sem coragem de pedir permissão para me sentar. As pernas tremiam. Era medo.

— Olha aqui, seu filho da p'... — disse uma voz irritada me repreendendo sem nem mesmo dizer bom dia.

Desculpe, mas não posso repetir o que o dono da voz do alto-falante me disse. Apesar de ser um dia diferente, optei por calar e engolir todas as ofensas, todos os sapos... Afinal, emprego está difícil, a crise... "tá" complicado...

Saí da sala e caminhei tropegamente entre meus colegas, humilhado, diminuído.

— Olá, João! Melhorou da bronquite? - perguntei.

— "Oi, Zé. Que nada. Estou é pior." - ele respondeu.

— Por que não pega uma licença? - insisti.

— "Ameaçaram me demitir se eu pegasse." - ele respondeu com expressão de dor.

— Cachorros! Não podem fazer isso, não é direito, não é humano! - exclamei, imprudente.

— "Psiu! Cuidado, Zé. Eles podem ouvir. E como você sabe, emprego está difícil, a crise... "tá" complicado..." - ele disse, e nesse momento, me calei...

O tempo se arrastou, como se cada segundo fosse uma eternidade, até que o relógio, ansioso como eu, proclamou o tão aguardado fim do expediente. Nos dirigimos ao refeitório como crianças animadas na creche. Peguei minha "drástica" marmita habitual, abri-a e encarei seu conteúdo com um ar de desânimo. Encolhi os ombros e, com a colher, servi-me daquilo que, à distância, parecia ser um almoço. Definitivamente, não teria coragem de comer "aquilo". Hoje, prometi a mim mesmo que seria um dia especial, um divisor de águas em minha vida.

Se comi? Claro que sim. O que mais poderia fazer? Resignado, retornei ao trabalho e, somente após longas horas, a sirene estridente ecoou, anunciando o término do dia. Caminhei apressado em direção ao portão, enfrentando a fila de funcionários ansiosos para ir embora, assim como eu. Então, corri pela rua, afastando-me daquele "centro de detenção" onde eu era miseravelmente apenas mais um prisioneiro assalariado

Multidão, carros, fumaça, ladrões, assassinos, correria, pressa, palavrões, cotoveladas disputando espaço... tudo igual, apenas eu havia mudado. Enquanto todos seguiam em suas rotinas, eu caminhava certamente para um novo mundo, novas perspectivas, uma nova vida.

Constato que o mundo imaginado nem sempre se concretiza ao entrar resmungando e xingando no trem lotado. O mesmo caminho, o mesmo vazio, o mesmo medo, a mesma solidão, a mesma falta de coragem, a mesma vontade de gritar e se libertar. Não! Eu tinha mudado, ou assim pensei. Será agora! Mas a coragem me faltou... Cheguei em casa. Será agora, repito... Será agora, repito, tentando me convencer.

Ao atravessar o portão antiquado e enferrujado, indo contra meus próprios desejos e uma vontade ainda frágil, prossigo pelo caminho, derrotado mais uma vez por minha própria covardia ou será comodismo? Com receio e temor, abro a porta e entro. Estou transpirando mais do que "tampa de marmita". Repugnância, desânimo, cansaço e dor são meus companheiros.

- "Zé, falta óleo, alho, cebola, feijão, fósforo, arroz..." – ele diz com sua voz áspera e estridente, sem sequer me cumprimentar. Nem sei se isso me importa mais...

- "Zé, o preço do gás subiu. A abóbora, o quiabo, a mandioca... tudo aumentou." Todos os dias, a mesma voz irritante, e até meu salário, que nunca é suficiente para cobrir as despesas da casa".

- "Zé, o Júnior precisa comprar um caderno novo, um sapato, um lápis..." – tudo igual todos os dias... A mesma ordem, a mesma desordem, a mesma ladainha, o tom de voz analasado irritante, o ritmo sonolento e a ausência de qualquer expressão viva no rosto. A vida presa em uma rotina crescente e dolorosa. Nada muda. Tudo se repete ininterruptamente, até a mesma loteria que nunca me contempla.

Eu estava sufocado, quase morrendo.

- "Zé, aonde você vai, homem? O jantar "tá" pronto".

Tremo ao ouvir que a janta "tá" pronta.

- Vou só "toma" um aperitivo, meu bem! – digo tropeçando na pressa.

Meu bem? Carinhoso? Eu, amoroso? Não, é que eu já esqueci o seu nome faz tempo. "Meu bem" ... palavra desgastada pelo tempo, falsa e hipócrita em meus lábios. É apenas um escape da minha memória. Nada mais sinto além de frustração e uma raiva imensa de mim mesmo

- Pedrão, um "engasga-gato", por favor. – Peço encostado no balcão imundo.

- "Já vai!" – diz Pedrão com a voz rouca de nicotina. "Cê viu meu Vasco ontem, Zé?" – Ele me pergunta, exibindo um sorriso zombeteiro.

- Sim, vi. Deu sorte. — respondo, mal-humorado.

- "Hahaha... Não é sorte, Zé. É "catigoria". Só tem craque." — Ele ri alto, mostrando os poucos dentes que ainda resistem em sua boca despovoada, cariados e podres.

Bebo a pinga bruta de má qualidade. Ela também, está de má vontade comigo, pois me arde e queima. Ainda assim, neste mesmo contraste, ela é doce e carinhosa, bruta e amarga, mas que ainda assim aquece a alma que grita desesperada. Dolorosamente lembro que tenho que ir jantar.

- Pedrão, me dá mais uma da "braba". Uma boa dose da que "levanta defunto". Mas, capricha no dedo.

- "Uai, aconteceu alguma coisa?" — pergunta o intrometido metido a terapeuta, fuxiqueiro e fofoqueiro.

Não, mas vai... — penso, decidido. Contudo, falta-me coragem para pronunciar as palavras. Pago pela cachaça e parto. No bolso, restam apenas algumas migalhas do meu ordenado faminto. Um salário que mal ultrapassa o mínimo, corrompido pelos impostos, sem benefícios que compensem e que devora ainda mais a renda do pobre. Ordem + nada (o) = Ordenado (sobra 0,00 = Imposto – impostos).

- "Você vive dizendo que não tem dinheiro para pagar isso, aquilo, mas sempre acaba indo para o boteco e enchendo a cara de cachaça... depois, volta com essa cara amarrotada cheia de cheiro de álcool e esse hálito de onça." — disse ela, como tantas vezes antes.

Disco furado, música ruim, repetida. A esposa reclama com autoridade, mãos na cintura. Sua postura, semelhante a uma xícara pequena e gorda, parece quase cômica. Não consigo conter o riso. Nossa! Agora, mais do que nunca, ela me lembra alguém irritado. A cena é ridícula, e sua imagem é engraçada. Como não rir, como resistir... É realmente hilário! Estou divagando, devaneando... Sim, ela parece estar irritada, saltitando de raiva. É bastante curioso, peculiar. Tudo é igual todos os dias, mas hoje será diferente. Hoje eu vou me expressar, vou me libertar.

No quarto/banheiro, tiro a roupa suja do trabalho do dia e me sento na bacia com água fria. Estou aqui, com a água molhando minhas nádegas, é o que tenho para hoje e o que posso fazer. Quem sabe assim eu encontre uma renovação ou talvez renasça? Não será aqui, com certeza. É improvável que um adulto se afogue em uma velha bacia de alumínio. Também me sinto ridículo. Ainda resta um pouco de esperança e muito orgulho. A noite ainda não acabou. O dia ainda não terminou. Quem sabe o que ainda pode acontecer? Nada de extraordinário ocorre. Respiro fundo. Sinto-me quase limpo, apesar da fome. Hoje, renascido, prometo nunca mais tocar naquela "comida". Nunca mais. Nem uma colher, sequer mínima. Eu prometo. Eu juro... Vou resistir.

- "Mais um "cadinho", Zé?" – Pergunta um pouco mais carinhosa.

Pergunto-me, intrigado, o que será que ela realmente deseja? Seus gestos carinhosos não são comuns, espontâneos, naturais... Sim, meu amor, apenas mais um pouco. Está delicioso.

Delicioso? Mas será mesmo? Estou mentindo. "Amor?" Estou me repetindo. Não é verdade. Eu não a amo. Respondo envergonhado, resignado, com voz baixa e temerosa. Pego o rádio e me acomodo na calçada. Ah! Que noite encantadora, com estrelas brilhantes, luar suave e um silêncio sereno... Contudo, será que essa quietude se prolongará? Certamente que não!

- "Zé, sabe a filha da Mundinha..." – Ela compartilha a vida alheia totalmente despudorada, perversa e má.

- "Zé, a dona Genoveva, me disse que ..." – Ela não para...

- "Zé, sabe o filho do "seu" João? Disseram que ele é..". Ela não cala... O silêncio? Onde? Quando? Ela metralha...

- "Zé, sabe o filho do "seu" João? Disseram que ele é..." – Ela não cala... Silêncio? Onde? Quando? Ela metralha...

Olha aqui, mulher, chega dessa falação sobre a vida dos outros nos meus ouvidos. Não me interessa o que eles fazem ou pensam. Não quero saber da vida deles. Minha cabeça não suporta nem saber da minha, quanto mais da vida dos outros. Cala a boca, fecha essa matraca, senão faço você engolir esse rádio. Ela me olha de maneira estranha, como se percebesse meu rosto contorcer. Talvez ela esteja lendo meus pensamentos...

Não te suporto mais! Chega! Basta! – é o que penso, mas não falo. Grito internamente, bem baixinho, acovardado, sem ter coragem de verbalizar. Até pensar está me causando náuseas. Me encolho. Estou com medo. Sou um covarde, admito. Eu sei que sou.

- "Zé! Ô Zé, você está me ouvindo, homem de Deus? No que está pensando? Está pensando em alguma "lambisgoia"? Ah, Zé, se te pego com outra..."

- Nada não, "meu bem"! – Tenho medo de que ela ouça ou possa "ver" meus pensamentos. Falo sussurrando e, mesmo assim, parece que estou gritando.

Ligo o rádio e mais uma derrota do meu Cruzeiro. Meu Deus, não tenho nenhuma alegria nesta vida, constato furioso e entristecido. Como alguém pode viver assim?

Vou para a cama. Quero dormir, descansar. Quero ficar sozinho. Um minuto comigo mesmo, no silêncio, no escuro. Silêncio! Mas eu não consigo. Ela vem junto e se deita ao meu lado. Me segura, me aperta, me acaricia, se enrosca em mim.

O corpo gordo, flácido e a cabelereira presa pelos bobes, cabeça número 7, quase me sufocam. A cara coberta com o creme de limão me sorri convidativa. A boca mal-cheirosa, com seus dentes cariados, se esfrega na minha com volúpia, desejo e fome. Tento fingir que ainda existe amor, paixão, tesão, mas não consigo. Tentei olhá-la com carinho, mas fiquei com medo de deixar transparecer o que se esconde em minha alma.

As luzes estão apagadas, mergulhando o quarto em uma escuridão impenetrável. Um silêncio profundo envolve o ambiente. Sinto meu coração prestes a explodir, uma sen-sação intensa que pressinto com fervor.

Duas mãos ásperas, impregnadas com o aroma de alho, cebola e gordura, acariciam suavemente minhas costas. Minha pele se arrepia enquanto ela se ilude, imaginando ser o despontar da excitação

Recordo os vinte e cinco anos vividos em comum. No começo, havia muita ternura, um fogo, uma química, muito amor e carinho. Agora, porém, resta apenas o desprezo e o cansaço. Será que darei conta? Não broxarei? Ah, só me falta essa... Fecho os olhos e começo a gemer e suspirar. Finjo!

Sem que eu queira, surge um rosto jovem, de olhos negros, cabelos longos, lábios sensuais, seios fartos e dançantes, um corpo tentador. Ele se intromete e me salva. O "se eu tivesse fundos" não tem mais espaço, não é mais uma barreira em nossa cama. Ela se excita. E eu também.

Na trama do nosso triângulo amoroso, fecho os olhos com mais força, incapaz de conter os gemidos, suspiros e tremores que se apoderam de mim. A experiência é intensa e inebriante. Enquanto finjo alcançar o meu próprio prazer, ela, por sua vez, atinge o clímax tão desejado. No entanto, é com "ela" que encontro uma conexão verdadeira. Ela genuinamente acredita no amor que ainda existe entre nós, enquanto eu a utilizo de forma egoísta, traindo-a e enganando-a.

Suspiros satisfeitos, desejos aparentemente realizados, acendo um cigarro de palha, permitindo que a fumaça envolva meus pensamentos. Reflexões sobre a vida dançam na brasa incandescente, revelando nuances da minha existência. Em meio a momentos de dúvida e ambiguidade, questiono minha própria natureza e busco compreender minhas ações. Sinto-me um covarde. Estou agindo com crueldade e perversidade.

Um ronco surge ao longe, gradualmente transformando-se em um brado retumbante, como o clamor por uma liberdade que nunca iluminou nossa pátria. O sono começa a turvar meus olhos, ideias e mente, como uma névoa que encobre os segredos mais sombrios. Apago o cigarro, batendo sua ponta ainda acesa contra a unha, e jogo a guimba no chão. Amanhã ela limpa; é sua tarefa, não a minha. Sinto-me irritado com minha falta de coragem, minha covardia excessiva, como se carregasse nas costas o peso de um fardo insuportável. Hoje não foi o dia da minha rebelião, da minha revolta. Não gritei, não bati, não corri, não morri, não nasci... apenas sobrevivi.

Não vivi e, ao não viver, inadvertidamente destruo ao meu redor. Que me importa? Que se danem todos. Quem se importa? Quem saberá ou irá saber? Eu não me importo, ela não se importa, "ela" também não se importa. Na verdade, ninguém se importa.

Onde e com quem estará a certeza, a resposta, o sentido e a explicação para tudo isso?

Mas, quem sabe, a resposta possa emergir e acontecer amanhã? Sim, talvez... Talvez amanhã, as palavras não ditas encontrem eco no mundo e no universo silencioso que construí ao meu redor. Enquanto a noite avança e o amanhã se insinua no horizonte, resta a esperança de que as palavras guardadas ganhem vida, dando voz àquilo que se perdeu na penumbra da minha jornada.

Amanhã, quem sabe, seja o dia em que a quietude do universo revele sua sabedoria, e eu possa encontrar as respostas que busco nas sombras da minha própria alma.

ENTRE PALAVRAS E SILÊNCIOS

A saudade se infiltrou furtivamente, assim como a noite que se insinua ao final do dia ou o sol que desponta no início. Gradualmente, ela se instalou em mim, silenciosa e suave, revelando suas intenções apenas para aqueles que se permitem notar. Enclausurado em minha própria solidão, entreguei-me à desilusão, apatia, pessimismo e amargura, tentando compreender sem sucesso. Este estado não reflete minha essência; não quero ser assim, não desejo permanecer nessa melancolia que me consome a cada instante, dolorosamente só.

Impulsivamente, desprovido de controle racional, entreguei-me à emoção dominante naquele dia. Liguei...

- Oi, tudo bem?

- Sim, tudo. - Silêncio pausado e constrangido.

A noite se estendia diante de nós, plena e radiante, mas entre as palavras escassas e o silêncio constrangedor, um véu de mistério pairava sobre a conversa. A beleza da noite, antes descrita com detalhes visuais, agora se tornava um cenário para um encontro carregado de emoções ocultas.

- Sim, estou vendo. Não seja ingênuo, não seja infantil; logicamente, estamos admirando a mesma lua. — Ela disse, desinteressada, suas expressões faciais refletindo tédio.

- É verdade. Ela não está encantadora? — Eu, sem assunto e vazio.

O diálogo, apesar de superficial, escondia camadas de emoções não ditas. As palavras eram como máscaras, escondendo os verdadeiros sentimentos que pulsavam entre nós.

- Sim, está. – Respondeu ela laconicamente, mas agora com um "olhar" que revelava um pouco mais de emoção. Eu na verdade não via, mas podia sentir...

- Está tudo bem? – Ouvi o suspiro meio enfadado ou excessivamente cansado, comigo.

- Sim, está tudo bem? – Ela novamente distante, desinteressada, mas agora com um olhar preocupado.

As palavras triviais sobre o clima tornaram-se um refúgio, uma tentativa de preencher o vazio entre nós. Cada palavra, cada pausa, refletindo a complexidade de nossos sentimentos.

- Está chovendo aí? – Pergunta tola e irracional.

- Tem chovido? – Forçando novamente o diálogo, adicionei um olhar curioso.

- Não. Muito sol, céu azul, dia lindo. Noite ainda mais. – Suspira angustiada. Suas expressões faciais agora transmitiam melancolia.

- Aqui também. – Meus argumentos começam a se esgotar. Adicionei a nostalgia...

A conversa fluiu para tópicos triviais, como o clima, numa tentativa de preencher o vazio que nos separava. Cada palavra, cada pausa, refletindo a complexidade de nossos sentimentos.

- Quinta-feira, choveu. – Ela havia caído na armadilha. Ou foi sorte? Descuido talvez? Adicionei um sorriso malicioso.

- Mas, aí é tão bonito quando chove... O som das gotas, a dança dos pingos na janela... algo mágico. – Deixei escapar, permitindo que a nostalgia e a melancolia se entrelaçassem em minhas palavras.

A atmosfera tornou-se mais densa, e mesmo as palavras triviais agora carregavam uma profundeza sutil. A saudade que nos unia estava ali, pairando como a noite que abraça o crepúsculo, revelando-se aos poucos. E naquele momento, entre as palavras e os silêncios, o mistério persistia, ecoando a intensidade de nossas emoções não ditas. Havia o não dito, o não revelado... ela disse abruptamente sem nenhum preparo, quase a queima roupa:

- Eu queria ter um filho. Assim, não me sentiria tão sozinha - ela confessou, deixando escapar um suspiro carregado de anseio e de esperança na voz.

De novo esse assunto não! Eu não estou pronto! – pensei. Sem saber o que dizer, fugi covardemente, interrompendo a ligação, quase surpreso e muito inquieto, e dizendo:

- Desculpe, a ligação ficou ruim...Desculpe, a ligação ficou ruim...

A resposta abrupta e o desfecho repentino e lacônico, refletiam a minha dificuldade de enfrentar as próprias emoções e a resistência em lidar com os desejos e anseios compartilhados. O diálogo, embora incompleto e repleto de subtextos não ditos, revelava a complexidade dos sentimentos presentes naquele momento.

- "Adeus!" - Ela disse, com uma mistura de tristeza e resignação na voz.

E assim, a ligação foi encerrada, deixando um rastro de saudade e incerteza no ar. A noite, testemunha silenciosa desse breve encontro, continuou a desvelar sua beleza misteriosa, enquanto os personagens permaneciam imersos em suas próprias solidões e anseios não compartilhados.

INSTANTES DESPIDOS

O vestido deslizou levemente sobre os ombros e sobre o corpo de 16 anos. Ela se sentia maravilhosa, linda e segura de si. Nesse instante, ela experimentou uma sensação de maravilha, sentindo-se bela e plenamente segura de si mesma. Pela primeira vez em sua vida, desde que começou a usar, ela optou por não vestir o sutiã. Sentia-se diferente, era como se estivesse completamente exposta, mesmo com a ausência de apenas uma peça, o sutiã. Era uma escolha inusitada, uma tentativa de afirmação de si mesma, uma ousadia não convencional.

Diante do espelho do quarto, permaneceu imóvel, contemplando a figura bela refletida. Suas mãos, nervosas e suadas, acariciaram a barra da saia, como se desfizessem dobras imaginárias. Nenhuma imperfeição se revelava, e um sorriso de contentamento iluminou seu rosto. Ela apreciou o que viu, aprovou o que tinha diante de si... sua própria imagem.

Girou sobre si mesma e deixou o quarto, ainda repleto das lembranças da infância recentemente abandonada. Com delicadeza, recolheu os cadernos da mesa, abriu a porta e, antes de atravessá-la, protegeu simbolicamente o peito, agora supostamente nu, com os cadernos.

Na sala, estava sua mãe, que por alguns instantes virou a cabeça e, ao avistar a filha, a admirou orgulhosa. Como era linda sua filhinha, sua menininha. Pensou e sorriu, plena de felicidade.

Ela caminhou na direção de sua mãe, aproximando-se suavemente, quase flutuando. Com a mão livre, acariciou o rosto dela, realizando um gesto carinhoso. Deu-lhe um beijo na face e outro na testa, com amor, antes de partir, deslizando e dançando suavemente pela porta da frente da casa.

Rapidamente ela ganhou a rua larga e comprida e quase que pairando virou a rua à direita na primeira esquina. Seu corpo jovem, belo, inexperiente, começou a correr, agora apressada e ansiosa.

Ao avistá-lo, seu coração acelerou, e ela parou, ofegante, surpreendida pela onda de emoções que a envolveu. Seus olhos encontraram os dele, e ela parou abruptamente, ofegante, sentindo como se o tempo tivesse congelado diante da presença dele. De repente, ele surgiu em seu campo de visão, e ela interrompeu sua caminhada, o coração batendo forte, ofegante diante da surpresa. Ela, era jovem e tudo era intenso.

Um rapaz franzino, com o rosto salpicado de espinhas, cabelo desalinhado, vestindo roupas desleixadas e tênis sujo e encardido, aguardava encostado em um carro velho. Seu olhar vazio e inexpressivo, mascando um chiclete barato e já sem sabor, denotava uma aura de insegurança. Ao avistar a chegada dela, ele se moveu lentamente, quase preguiçosamente, em direção ao encontro, revelando uma timidez que se refletia em cada gesto.

Ele a abraçou com urgência, depositando beijos rápidos nas faces vermelhas e afogueadas, onde o medo e a excitação do proibido se mesclavam. Sua respiração era rápida, e o coração batia acelerado, ecoando as emoções que pulsavam entre eles. Finalmente, ele se aproximou e a beijou nos lábios, um gesto que marcava o auge da tensão e insegurança que envolviam o momento. Ele tremia.

Ela abriu a porta do carro do lado do passageiro e entrou. Ele, evidentemente, desconhecia a gentileza para com as mulheres. Demonstrando insegurança, o jovem enamorado assumiu o volante ao abrir a porta do lado do motorista. Com um giro da chave, deu partida no carro e partiram com um estranho resmungar nas engrenagens, 'encavalando' marchas. Inegavelmente, ele exibia um domínio limitado sobre a máquina.

Em nenhum momento falaram, não se tocaram, não se acariciaram, nem mesmo se olharam mais. Apenas o beijo nas faces e outro furtivo nos lábios. O nervosismo de ambos era evidente. Não sabiam ao certo o que fazer. Suas mãos, molhadas e trêmulas, seguravam o volante do carro com tanta força que os nós das mãos ficaram brancos e doloridos, assemelhando-se a garras ao volante. As dela, por sua vez, agarravam a poltrona desgastada até que seus dedos se tornassem dormentes e doloridos, como garras presas à poltrona. Tentavam, em vão, demonstrar uma segurança que estava longe de existir...

Ele dirigiu, ziguezagueando e invadindo pistas, por cerca de 15 minutos, até finalmente estacionar o carro em um local pouco frequentado e mergulhado na escuridão. Era um refúgio conhecido pelos amantes mais experientes, mas também pelos que ainda estavam por descobrir os segredos do amor. O lugar, sombrio e isolado, emanava uma sensação de distância e perigo iminente. Aquelas terras já haviam sido palco de eventos violentos no passado. No entanto, para os aspirantes a amantes, era o local "ideal".

Eles se encararam, trocaram sorrisos tímidos e deram início a beijos e carícias. Tudo acontecia de maneira afobada e apressada. Num misto de suor e pegajosidade, ainda inexperientes, se atrapalhavam, trombavam e, por vezes, machucavam-se. No entanto, mesmo diante desses desafios, a excitação pulsava entre eles

Ingênuos, sofregamente apressados e quase em desespero, tentavam desabotoar um botão, abrir um zíper, na tentativa de se libertarem das roupas. Agora, mais do que desejo, pairava no ar uma atmosfera carregada de angústia e medo.

Finalmente, o vestido foi retirado, desnudando o corpo da jovem, quase uma menina ainda. Uma mão, agora mais suada e ainda mais trêmula, apertou desajeitadamente o seio arrepiado.

Ele segurava um dos seios com uma das mãos, enquanto a outra fazia movimentos acanhados explorativo entre suas coxas, um pouco acima do joelho. Não ousava ultrapassar os limites. Ambos se encontravam envergonhados, sem compreender e sem saber ao certo qual caminho seguir. Desejo e medo se entrelaçavam, formando uma teia complexa de emoções.

O jovem demonstrava uma ousadia envergonhada. Com sua mão livre, apertou e acariciou sobre a calcinha branca, imaculada, o sexo ainda quase infantil, ainda intocado. As unhas, mal aparadas, negligenciadas e sujas, rasgavam a pele juvenil, causando uma ardência dolorosa em seu rastro

Num instante surpreendente e sem aviso, suas ações desdobraram-se com uma pressa intensa e quase desordenada, desajeitada e precipitado. Agressivamente, arrastou a calcinha até os joelhos e, com determinação, desfez o zíper. Seu desejo, tangível e ardente, foi revelado quando ele a apertou sem carinho, com uma expressão de satisfação iluminando seu rosto. Era o animal abatendo a presa.

Os joelhos trêmulos foram brutalmente deslocados para o lado, num esforço para seguir adiante. Contudo, neste momento íntimo, faltava o toque de carinho que, ao contrário do gesto apressado, teria transformado a experiência. Não houve o deleite no perfume suave, na fragrância que envolvia e escorria delicadamente por entre as coxas.

Lamentavelmente, a ausência de respeito e cuidado ficou evidente quando, de forma vigorosa, iniciou-se a tentativa de penetração. Ela experimentou um constrangimento avassalador, um desconforto penetrante, sentindo-se invadida e desprovida do calor de um amor genuíno.

Uma gota de suor traçou seu caminho pela testa do jovem, que resmungava nervoso diante de um obstáculo desconhecido, desafiador e resistente. Apesar de todos os esforços, via-se incapaz de transpor o muro, que se erguia orgulhoso e protetor. Nesse momento de frustração, expressava sua agonia com palavras ofensivas, praguejo e tremores, quase chorando de forma infantil e envergonhada. Suas ações flertavam perigosamente com a agressão e a violência.

Ela, por sua vez, experimentou uma mistura avassaladora de sentimentos, sentindo-se desrespeitada, angustiada, entristecida e quase submetida a uma situação de agressão. O medo a assustou, enquanto uma lágrima, anteriormente contida com dificuldade, insistia em escapar. Sua boca se tornou seca e amarga, e ela, inevitavelmente, deixou-se levar pelas lágrimas, inicialmente timidamente e, depois, de forma compulsiva. A sensação de decepção, humilhação, desvalorização e a percepção de ter sido vulgarizada a atingiram profundamente.

O choro, agora intenso, fluía livremente para dentro e para fora. Externamente, ela afirmou com firmeza: "Para!" e, internamente, seu grito foi ainda mais forte: "Para!"

Diante desse turbilhão de emoções, ela sentiu náuseas, um embrulho no estômago e uma garganta apertada. A sensação de asfixia acometeu-a, tornando difícil respirar.

- "Não", disse inicialmente, com um toque de medo.

- "Não!", repetiu depois, com determinação.

- "Não! Não quero que seja assim", afirmou, afastando-o e rejeitando a situação imposta. Essa não era a experiência que ela buscava. Não era a mulher que desejava ser. E, certamente, não era assim que ela sonhava que tudo aconteceria. Não foi assim! Não foi! Não quero! Seu grito final expressava uma recusa intransigente em aceitar qualquer realidade que não respeitasse seus desejos, reafirmando sua dignidade e autenticidade.

Sentiu uma onda de desconforto. Náuseas. Vômito iminente. Um aperto estranho no estômago. A garganta, constringida, transmitia a sensação de sal na boca, enquanto se sentia sufocada, com dificuldade para respirar.

Com uma voz firme e decidida, ela expressou seu desejo de ir embora. Embora tenham brigado e discutido, ela manteve-se inabalável em sua decisão. Sua determinação era evidente, e ele compreendia que não havia argumentos convincentes que pudessem fazê-la desistir.

Ambos estavam contrariados e decepcionados, cada um lidando com seus sentimentos à sua maneira e por motivos individuais. Diante desse cenário, reconheceram que não havia mais razão para permanecer. Era hora de seguir em frente.

Ele segurou com excessiva firmeza a chave, deu partida, e novamente, com um ronco peculiar nas marchas – algo comum para quem não está familiarizado com o veículo – partiram. Ele conduzia o carro de maneira errática, ziguezagueando pela estrada, seu rosto afogueado denotava transtorno e irritação, as mãos firmemente seguravam o volante. A intensidade de sua frustração era evidente e perturbadora.

Juntos, percorreram novamente os agora longos quinze minutos pela estrada e pela cidade, até chegarem à porta da casa dela. Rapidamente, ela desceu do carro, abriu a porta e entrou, lágrimas silenciosas marcando o caminho. A casa estava mergulhada na escuridão, e o suave ronco de quem dormia tranquilamente emanava do quarto dos pais. Ao sorrir, enxugando as lágrimas, ela sentia uma profunda satisfação com a decisão que tomara.

Ao entrar em seu quarto, seus olhos se dirigiram carinhosamente ao urso de pelúcia que a aguardava serenamente sobre a cama. Este era seu amigo mais leal e confidente mais confiável.

Ao abrir a porta do banheiro e entrar, despiu-se do vestido... ainda imaculadamente branco.

Despiu-se da calcinha... ainda branca.

Em cada gesto, ela expressava uma conexão íntima consigo mesma, em um momento de cuidado e autenticidade.

Abriu suavemente a torneira do chuveiro e permitiu-se desfrutar de um momento de cuidado consigo mesma, sentindo uma profunda satisfação interior. Não era apenas uma felicidade passageira; estava verdadeiramente radiante, tanto pelas suas roupas que permaneciam imaculadamente brancas como pela autonomia que tinha sobre elas, decidindo quando seria o momento certo para mudar.

Contudo, essa mudança, quando acontecesse, seria de uma maneira única, com alguém especial, em um momento ainda não claro. Não podia prever quando, com quem ou onde, mas tinha a certeza de que seria uma experiência única e significativa. Não no sentido de contos de fadas ou príncipes encantados, mas especial de uma maneira que respeitasse sua singularidade.

Era uma sensação de expectativa tranquila, sabendo que o especial viria à sua maneira e no seu devido tempo; e isso, para ela, era mais do que suficiente.

Da Pinguinha à Palestra

Em meio aos desafios que a vida nos impõe, até mesmo o personagem típico do bairro, conhecido como o 'figura', teve que desbravar sua veia criativa.

Ao adentrar a modesta casa de carnes nas proximidades da minha residência, deparei-me com uma figura típica, um habitante que personifica a essência de toda a cidade. Notável por sua afinidade com a cachaça, ele estava envolvido em uma descontraída conversa com o respeitável proprietário do açougue central do bairro, conhecido como 'Seu João'.

Embora não conseguisse discernir o teor da conversa, percebi que o proprietário, de semblante sério, dirigiu-se ao caixa, retirou uma nota de R$ 20,00 e a entregou ao nosso querido "figura". Este, com um gesto de despedida, partiu animadamente em direção ao bar do outro lado da rua

Curioso e, por ter amizade e simpatia por ele, questionei a ação generosa de "Seu João", um homem que jamais endossava práticas prejudiciais, como os vícios. "Pois é, eu, que nunca contribuo para vícios, especialmente aqueles relacionados à 'marvada pinga', acabei de patrocinar algumas doses para esse sujeito", comentou ele.

Ao indagar sobre o motivo de sua 'generosidade' e impulsionado pela curiosidade, ouvi sua explicação. "Dei hoje porque ele acabou de me ensinar algo relevante, não só para mim, mas também para minha empresa", afirmou ele, com todos os presentes atentos.

Ao questionar sobre o ensinamento, ele corrigiu minha rigidez, explicando: "Na verdade, um dos meus princípios fundamentais é a justiça, reconhecendo sempre quando alguém me faz um favor ou compartilha conhecimento. Tenho como valor expressar gratidão àqueles que a merecem. Essa virtude é um pilar essencial em minha filosofia de vida. Gratidão!

Seu João continuou a narrativa. O 'figura' costumava pedir dinheiro para a sua beberagem, ciente de que o dono não compactuava com práticas viciosas. Entretanto, em meio à crise e à escassez de 'financiadores', ele surpreendeu, propondo: 'Seu João, vamos tomar uma pinguinha?' Ao ter seu convite recusado para beberem juntos, ele alterou a abordagem: 'Não? Mas eu bebo! E já que o senhor não quer vir comigo, me passa a grana que eu vou 'tomá' uma em sua homenagem

Impressionado com a astúcia e persistência do 'figura', 'Seu João' decidiu recompensá-lo. "Sabe," disse ele, "fiquei impactado com a sua abordagem, quebrando padrões e revelando-se criativo e corajoso. Fiquei surpreso e admirado com a sagacidade dele em me incluir e convidar para beber, mesmo ciente de que eu recusaria, pois ele sabe que eu não bebo. Foi uma atitude arrojada. Paguei a lição com R$ 20,00, não apenas com a moeda que ele solicitou. Era o justo!"

No desfecho, "Seu João" partilhou suas reflexões com funcionários, clientes, fornecedores e amigos. Indagou: "Compreenderam o que significa ser criativo, conquistar, envolver, empolgar, encantar e surpreender o cliente neste contexto?

Em tempos de crise, torna-se essencial e imperativo reconsiderar nossas ideias, argumentos e padrões. O 'figura' reconheceu a necessidade de modificar a estratégia, ajustar o discurso e superar minha resistência. Ele ultrapassou as expectativas, surpreendendo e encantando o cliente/doador. Perceberam?"

Eu não apenas compreendi, mas também concordei. Repetir o que todos fazem é simples; o verdadeiro desafio reside em realizar o que ninguém tem coragem ou habilidade para fazer e, dessa maneira, surpreender e encantar. Quase me senti impelido a fazer uma breve visita ao boteco... quase...

Quase, mas não fui. Por muito tempo, acreditei que a história se encerrava ali. No entanto, após a cena inusitada no açougue, a notícia sobre a generosidade de 'Seu João' e a criatividade do 'figura' se espalhou rapidamente pela comunidade. Muitos começaram a comentar sobre a notável mudança de postura do rapaz e a surpreendente atitude do proprietário do estabelecimento.

O 'figura', agora conhecido como o 'criativo do bar', capitalizou sobre a repercussão e sua recém-adquirida fama para explorar novas formas de inovação e, evidentemente, para obter lucro. Passou a abordar os moradores locais de maneiras inusitadas, sempre acompanhado por um sorriso cativante e uma proposta intrigante. Seja convidando para um café, sugerindo um jogo de dominó ou propondo uma troca de histórias, ele se transformou em uma figura marcante no cotidiano do bairro. Ademais, começou a oferecer conselhos e inaugurou palestras sobre inovação, criatividade e motivação, conquistando não apenas reconhecimento, mas também notável sucesso financeiro.

As narrativas sobre suas abordagens e a criatividade que empregava para angariar apoio financeiro se multiplicaram. Parecia que ele havia descoberto uma fórmula mágica para ensinar como conquistar a generosidade das pessoas, mesmo em tempos difíceis. O "figura" mudou, deixou de beber... foi a sua transformação...

Por outro lado, "Seu João" percebeu que sua ação gerou um efeito positivo não apenas na vida do "criativo do bar", mas também na atmosfera da comunidade. As pessoas começaram a se aproximar mais umas das outras, a compartilhar sorrisos e a buscar soluções criativas para os desafios cotidianos.

O exemplo de "Seu João" e a astúcia do "figura" do bairro incentivaram outros moradores a enxergarem as dificuldades sob uma nova perspectiva. A criatividade e a generosidade tornaram-se virtudes valorizadas naquele contexto de crise.

Assim, a história desse encontro improvável entre um generoso dono de açougue e o "figura" do bairro não só transformou a vida deles, mas também contribuiu para fortalecer os laços da comunidade e inspirar mudanças positivas em tempos desafiadores. E quem sabe, talvez o boteco do outro lado da rua tenha se tornado o ponto de encontro de uma comunidade mais unida e criativa.

Ao nos perguntarmos sobre o destino de "Seu João" e do "figura", não podemos deixar de sorrir diante das trajetórias que seguiram. "Seu João", com seu açougue feliz e realizando, continua a ser o guardião sorridente da tradição e da generosidade. E o "figura", agora mais do que uma mera figura do bairro, transcendeu os limites do passado, construindo uma narrativa de sucesso como empreendedor, palestrante e, acima de tudo, como um agente de mudanças benevolentes.

Sua vida, agora entrelaçada com a comunidade, é um testemunho de que, em tempos desafiadores, a verdadeira inovação e criação emergem da resiliência e da capacidade de se reinventar. Portanto, nesta crônica de superação e transformação, aprendemos que, na crise, a criação floresce.

Assim, nesta crônica de superação e transformação, descobrimos que a criação não apenas responde à crise, mas afirma, com vigor, que, unidos, somos capazes de forjar um caminho para além das dificuldades, construindo uma narrativa comunitária repleta de resiliência, compaixão e inovação

Portanto, não é apenas uma resposta; é uma afirmação poderosa de que, na crise, a criação não é apenas uma possibilidade, mas uma necessidade vital. Juntos, moldamos um caminho para além das dificuldades, tecendo uma narrativa comunitária rica em resiliência, compaixão e inovação.

Essa frase é velha, mas merece destaque: **Na crise, crie!**

QUANDO A PROPAGANDA ENGANA

Ok, então você está me dizendo que a propaganda é a "alma do negócio"? – perguntou Maria do outro lado da linha, escondendo parcialmente o sorriso curioso que denunciava uma mente sempre ativa.

Eu tentava adicionar à conversa um toque de mistério, buscando capturar sua atenção.

- Sim – respondi – Quem não é percebido, não é lembrado. – completei, tentando transmitir conhecimento e sabedoria. Notava que Maria, do outro lado da linha, parecia já ter uma estratégia formando-se em sua mente astuta.

- "Tudo bem! – vou ponderar sobre isso", disse ela, desligando o celular com uma risada suave e enigmática, sentada atrás da sua mesa do escritório empilhada de documentos e faturas para serem pagas.

Passaram-se três meses de um silêncio absoluto entre Maria e eu. Numa sexta-feira à noite, exatamente às 23:59 h, ela me liga dizendo:

- "Você tinha razão. A propaganda é a "alma do negócio". – gritou Maria entusiasmada do outro lado da linha.

O som da sua risada era alto até mesmo meio "desequilibrado". Percebi que a sexta-feira tinha acabado e que já era sábado. A sua gargalhada distante misturava-se com a dos meus vizinhos de porta que com certeza estava comendo petiscos, tira gosto variados, carne assada e cerveja gelada. Era quase um "convite" mudo que eles me faziam.

- "Sabadou" bebê... pensei!

- Vendi o meu pior produto! – disse ela, não se contendo e gargalhando efusivamente e loucamente. Seus risos ressoavam na minha cabeça e criava em mim um aturdimento que eu ainda não sabia explicar o porquê e a sua razão de ser. Maria, estava enigmática e saboreando maldosamente a curiosidade despertada em mim.

Olhei novamente no relógio; já era sábado. Dessa maneira, daqui a pouco será domingo... a agonia aumentou. Preciso descansar, pensei. Tentei acelerar o fim da conversa; afinal, o expediente comercial já havia encerrado há muito tempo. Perguntei de forma abrupta:

- O que foi que você negociou e que era assim tão ruim para deixar você tão feliz assim? – Perguntei ansioso, tentando capturar não apenas a expressão em seu rosto, mas também os sentimentos que a levaram a conquistar tal feito: vender o seu pior produto. Eu olhava os petiscos e a minha cerveja aberta agora já não tão gelada assim, pois a conversa se estendia.

Meu marido! Vendi meu marido! Consegui passar aquele 'indivíduo' para frente." - Maria confessou com uma voz que revelava uma mistura de triunfo e um toque de nostalgia.

- Explica melhor. - Pedi atônito, ajustando meu tom para expressar incredulidade e interesse simultâneos. Era como se estivéssemos entrando em um território emocional desconhecido, e eu estava curioso para entender as motivações profundas por trás dessa escolha e desse sucesso tão peculiar.

- "Foi difícil, mas consegui. Comecei a enaltecer ele para todas as minhas (supostas) amigas e conhecidas. Comecei a dizer que ele era um ótimo marido, ótimo pai, excelente filho (só não falei que ele era um filho da mãe e que sua mãe é e era uma p'... veia e desdentada), que era muito trabalhador, ganhava muito bem... falei até que ele era excelente na cama..." – ela falava e ria...

Sua risada, agora, carregava uma ambivalência de sentimentos, uma melodia que oscilava entre a sinceridade divertida e uma malícia escondida. Era como se cada palavra fosse uma nota em uma sinfonia emocional macabra. Pude sentir o veneno escorrendo.

- Uma delas acreditou... kkk... consegui o mais difícil... kkk... passei aquele indivíduo adiante!!!... kkk

E concluiu orgulhosa:

- Passar o 'marido' para trás é fácil, o difícil é passar para frente! – e continuava rindo e batia palmas de contentamento. Seu entusiasmo era contagiante, mas, no fundo, havia uma certa tristeza que só os mais atentos podiam perceber.

- "Deu até pena de quem "comprou" gato por lebre, mas também, foi cobiçar o alheio..." – disse maldosamente, ferinamente. Dizem até que a grama do vizinho é mais verde, mas nem sempre é assim... kkk...

<u>Moral da História:</u> Cuidado! Tem muita propaganda que é enganosa!

REFINANDO ESTRATÉGIAS

A pergunta do cliente foi simples:

- Como deverá ser o atendimento presencial no novo normal? Respondi, convidando-o a refletir:

- Diante do "novo normal", será que o seu método "tradicional" de atendimento será suficiente? Pense comigo: Já avaliou estrategicamente como sua equipe de vendas se relaciona com os clientes? Sua satisfação seria garantida ao ser atendido por seus próprios vendedores? Eles se destacam como excelentes na arte de vender? Já refletiu sobre a eficiência do seu próprio desempenho no atendimento? Conduziu uma análise minuciosa sobre o processo de vendas de sua equipe? Observou atentamente como seu concorrente aborda as vendas? Identifica áreas em que ele pode superar você e sua empresa no processo de vendas? Conhece as práticas em que ele se destaca mais do que você? O que ele faz nas vendas que você deveria incorporar em sua abordagem? Ou já está fazendo ou deveria começar? E o que ele faz nas vendas que você deveria evitar? Quanto tem investido no desenvolvimento da sua equipe de vendas, seu maior e mais valioso ativo?

E, ao explorarmos essas questões, emergem insights cruciais sobre a essência humana nas transações comerciais. Tomando um fôlego e proporcionando, através do silêncio, espaço para essa compreensão profunda, reforço:

- Às vezes, nos esquecemos que por trás de cada venda existe um ser humano (vendendo ou comprando). A empresa que verdadeiramente se destacará é aquela que incorporar a humanização não apenas no atendimento, mas em cada etapa do processo de vendas. Portanto, a chave está em compreender e atender às necessidades humanas.

Moral da história: Não me pergunte sobre vendas se não estiver disposto a ouvir. Nem sempre será o que você espera ou gosta! E, lembre-se, o coração das vendas reside na capacidade de compreender e atender às necessidades humanas.

A DIFÍCIL ESCOLHA DO AMOR

Após encerrar uma profunda palestra sobre o perdão e o auto perdão, eu recolhia com cuidado os materiais utilizados no evento, enquanto sentia as minhas palavras ecoarem no ambiente e ressoarem intensamente em minha mente e em meu coração. Um misto de satisfação e reflexão preenchia meu ser, evidenciando o impacto que aquele momento havia deixado em mim.

Foi nesse momento que fui abordado por um senhor de idade avançada, com cerca de 80 a 85 anos, cuja aparência surpreendentemente robusta contrastava com seu rosto amável. Seu olhar era perspicaz e vivaz, e o sorriso que irradiava era incrivelmente acolhedor.

Sua presença transmitia uma energia contagiante, tão poderosa que seria constrangedor recusar seu pedido de conversa. Fiquei desconcertado, pois, em minha concepção, eu deveria ser o único a solicitar alguns minutos de atenção, não ele.

Naquele instante, não consegui discernir qual seria a formação acadêmica daquele senhor nem mesmo se ele era analfabeto. No entanto, independentemente disso, havia nele uma sabedoria profunda e imensa, tanto sobre a vida quanto sobre o ser humano.

Sua energia transmitia humildade, uma autoridade serena e uma força magnética que me fazia sentir insignificante diante dele. Sua presença era arrebatadora, envolvente e contagiante, ao mesmo tempo serena e pacífica, doce e suave.

Percebi, então, que havia muito a aprender com aquele senhor que permanecia parado diante de mim. Era crucial que eu me mostrasse inteligente o suficiente para absorver e reter o máximo que pudesse daquele breve encontro.

Puxei uma cadeira para mim e outra para ele, sentando--nos frente a frente, quase colando nossos joelhos e nossos rostos. Nos olhos nos integravam. Nesse momento, percebi que me sentia como um aluno humilde e avançado diante de seu sábio e experiente mestre.

Ele respirou profundamente, pausadamente, e seus olhos penetraram minha alma, como se conhecessem meu verdadeiro eu, aquele que sou por dentro, e não apenas o que aparento ser.

Com simpatia, ele falou com uma voz suave e acolhedora: "Sabe, meu jovem, o perdão é, de fato, uma tarefa difícil, especialmente para nós, que somos pessoas orgulhosas, vaidosas e egoístas. Para nós, ele pode parecer não apenas difícil, mas até mesmo impossível. Nossa dificuldade e impossibilidade de perdoar são diretamente proporcionais ao tamanho de nosso orgulho e egoísmo".

O perdão pode ser comparado a um céu vasto e luminoso, azul, belo e colorido, trazendo consigo uma sensação libertadora e um alívio profundo. No entanto, se mal compreendido ou mal exercido, o perdão transforma-se em um inferno aqui na Terra, aprisionando-nos em correntes invisíveis que nos ligam ao passado, ao agressor e à situação dolorosa. Essas amarras insidiosas mantêm vivo o passado doloroso e amargo, impedindo-nos de seguir em frente. Permanecemos prisioneiros por nossa própria escolha, cativos de um livre-arbítrio mal direcionado. É como se nos tornássemos reféns de nossas próprias decisões, aprisionados em um labirinto de ressentimento, ódio, raiva e mágoa, cujas paredes parecem intransponíveis. Somente quando compreendemos a verdadeira essência do perdão e exercemos nosso livre-arbítrio com sabedoria e compaixão, desatamos essas amarras e nos libertamos, permitindo que a cura e a paz encontrem espaço em nossos corações.

Durante minha vida, encontrei muitos prisioneiros que se tornaram vítimas de si mesmos, mas também conheci aqueles que conseguiram se libertar das algemas pesadas do ressentimento, ódio raiva e mágoa, construindo para si um paraíso. E como o fizeram? Através do perdão e do perdoar a si mesmo. Já presenciei um perdão assim!

Nesse momento, suas palavras adquiriram uma carga de significado tão intensa que cada uma delas parecia ser uma metáfora profunda e complexa para a vida. Senti-me imerso em sua energia sábia, cativado pela curiosidade crescente de absorver cada ensinamento que ele tinha para compartilhar. Cada palavra proferida era como um fio de sabedoria entrelaçado, tecendo um tapete de compreensão e reflexão diante dos meus olhos. Cada pausa, cada entonação, carregava consigo uma revelação, como se o próprio universo conspirasse para transmitir suas mensagens através daquela voz. Meu coração pulsava com a busca do conhecimento, ávido por desvendar os segredos ocultos nas entrelinhas de suas palavras, enquanto minha mente dançava na harmonia da sua sabedoria

Ele continuou: "O perdão é um ato de coragem e liberdade. É a chave que nos permite romper os grilhões do passado e seguir adiante. Quando escolhemos perdoar, estamos escolhendo libertar a nós mesmos e ao outro, reconhecendo nossa própria humanidade e a humanidade do outro. Não é uma tarefa fácil, mas é uma conquista poderosa. O perdão nos permite encontrar paz interior, curar nossas feridas emocionais e construir relacionamentos mais saudáveis e compassivos."

Enquanto ele falava, eu me sentia completamente imerso em suas palavras. Sua voz era tão serena e acolhedora que eu me sentia envolvido por uma melodia cativante. Era como se estivéssemos em um mundo à parte, onde apenas suas palavras e minha vontade de aprender existiam.

Ele então compartilhou sua própria história comigo, descrevendo suas experiências na área da segurança pública, suas múltiplas profissões antes de se tornar policial e as lições que aprendeu ao longo do caminho. Através de suas narrativas, pude enxergar além de suas roupas surradas e de sua aparência enrugada. Ele era um exemplo de perseverança e humildade, alguém que nunca desistiu de buscar seu lugar no mundo, mesmo diante dos obstáculos.

Sua história de vida me levou a refletir sobre a importância da parceria e da cumplicidade em um relacionamento. Ele destacou a necessidade de ouvir o outro e considerar suas opiniões, sem jamais anular sua individualidade. Era como se ele me ensinasse sobre a importância de construirmos laços verdadeiros, baseados no respeito e na compreensão mútua.

Enquanto ele contava sua história, eu podia sentir as emoções fluindo em suas palavras, como se estivéssemos compartilhando um segredo profundo. Sua voz oscilava entre tons suaves e fortes, criando uma sinfonia única que envolvia meus sentidos. Ele era um verdadeiro contador de histórias, um mestre na arte de transmitir ensinamentos através das palavras.

Através do que ele descrevia, fui levado a compreender que a vida não se limita apenas a fofocas e boatos, mas também possui verdades que podem ser compartilhadas e comprovadas. O narrador, um personagem ativo naquela narrativa, mergulhava em cada detalhe, transmitindo amorosamente com sensibilidade cada palavra que pronunciava. Cada fragmento da história era como uma janela aberta para um mundo desconhecido, e eu me encontrava inebriado pela curiosidade, sedento por desvendar os mistérios que se desdobravam diante de mim. Sua narrativa era um rio caudaloso, e eu me deixava levar pela correnteza, perdendo-me em suas palavras, enquanto minha mente se entrelaçava com a trama e meu coração palpitava ao ritmo dos acontecimentos. A cada revelação, uma nova camada da história se desvelava, e eu me via imerso em uma jornada de descobertas, guiado pela voz do narrador, que se tornava o farol a iluminar meu caminho naquela trama fascinante.

E assim, ao longo desse encontro, comecei a compreender a importância do perdão e do auto perdão em nossa jornada. Através das histórias compartilhadas por aquele sábio senhor, aprendi que podemos carregar um céu dentro de nós, trazendo liberdade e alívio, ou um inferno, aprisionando-nos ao passado e às mágoas.

A decisão de perdoar está em nossas mãos, entre o nosso egoísmo e orgulho e a nossa humildade e altruísmo. E é nessa batalha interna que me encontro nesse momento. Suas palavras pareciam carregadas de significado, como se cada uma delas fosse uma metáfora profunda e complexa para a vida.

Senti-me envolvido por sua sabedoria, com uma crescente curiosidade em absorver cada ensinamento que ele tinha para compartilhar.

Ele continuou com uma voz serena e acolhedora: "O perdão é um ato de coragem e liberdade. É a chave que nos permite romper os grilhões do passado e seguir em frente. Quando escolhemos perdoar, estamos escolhendo libertar a nós mesmos e ao outro, reconhecendo nossa própria humanidade e a humanidade do outro. Não é uma tarefa fácil, mas é uma conquista poderosa. O perdão nos permite encontrar paz interior, curar nossas feridas emocionais e construir relacionamentos mais saudáveis e compassivos."

Enquanto ele falava, eu me sentia completamente imerso em suas palavras. Sua voz era tão serena e acolhedora que eu me sentia envolvido por uma melodia cativante. Era como se estivéssemos em um mundo à parte, onde apenas suas palavras e minha vontade de aprender existiam.

Ele então compartilhou sua própria história comigo, descrevendo suas experiências na área da segurança pública, suas múltiplas profissões antes de se tornar policial e as lições que aprendeu ao longo do caminho. Através de suas narrativas, pude enxergar além de suas roupas surradas e de sua aparência enrugada.

Ele era um exemplo de perseverança e humildade, alguém que nunca desistiu de buscar seu lugar no mundo, mesmo diante dos obstáculos. Tenho certeza de que no início foi extremamente difícil, mas, com a escolha certa, ele conseguiu superar os desafios e alcançar o sucesso. O que vi e presenciei foi a história do amor e do perdão vencendo o ódio, a raiva e o rancor.

Saiba que não se tratava apenas de uma mera agressão. Não, era algo extremamente violento, doloroso e angustiante, especialmente para um coração materno. Foi a dor mais intensa que um ser humano pode sentir, algo que nenhuma pessoa merece passar. Foi uma experiência que feriu e marcou até mesmo a pessoa mais fria e insensível.

Por isso, afirmo que perdoar é uma decisão, uma escolha. É um caminho difícil, mas ao mesmo tempo fácil. Pode ser uma jornada longa ou curta, mas a decisão sempre estará em nossas mãos, entre o nosso egoísmo e orgulho e a nossa humildade e altruísmo. E quem vence é o nosso lado mais poderoso, mais autêntico.

O que vou te contar agora são fatos presenciados por mim, testemunhados pelos meus próprios olhos. Algumas partes foram relatadas pelas próprias personagens envolvidas, de forma direta e vívida. Sou um narrador observador, às vezes me sinto como um personagem em um relato, mas acredite, não há espaço para fofocas ou boatos. Tudo o que digo é verdade, algo que posso afirmar e comprovar.

- Então, meu caro, peço que preste muita atenção...

Até os meus 37 anos, exerci diversas atividades e desempenhei vários trabalhos, como motorista de ônibus, engraxate, pedreiro, eletricista, padeiro, açougueiro, auxiliar de escritório, professor, entre outros. Um dia surgiu um concurso para Policial Civil - Carcereiro e pensei: Eis algo que eu gostaria de fazer. Trabalhar em penitenciárias, auxiliar na supervisão e na transferência de presos.

Consciente dos riscos envolvidos, mas ciente de que era uma área na qual eu poderia e gostaria de atuar, decidi que aquela era a minha oportunidade. Sempre tive habilidade para lidar com pessoas, com regras e normas, então sabia que seria um bom fit. Foi assim que tomei a decisão de tentar o concurso.

No início, minha esposa não ficou satisfeita com a ideia, mas com o tempo ela se acostumou e acabou concordando. Acredito até que, se ela não tivesse apoiado, eu não teria seguido em frente. Casamento é assim, precisa existir parceria, cumplicidade e concordância entre o casal, mesmo que não vejam as coisas da mesma maneira. Não se trata de anular um ao outro, mas de tomar decisões importantes considerando a opinião do companheiro. Somos parceiros, cúmplices, duas metades que se complementam, não donos um do outro.

Passei no concurso e fui convocado rapidamente para os exames. Fui aprovado em todas as etapas e imediatamente comecei a trabalhar. Logo de cara, gostei de tudo e senti que finalmente havia encontrado o meu lugar no mundo. Percebi a importância do meu trabalho e como ele poderia contribuir para a melhoria das pessoas e do mundo ao meu redor. Muitos não conseguem enxergar, mas um preso é uma pessoa! É um ser humano! Não é um animal. Por trás da casca da violência e dos vícios, há sentimentos, há um coração! Existe humanidade ali!

Senti-me feliz por estar lá, naquele ambiente. A partir desse momento, busquei me aprimorar como indivíduo, como ser humano e como profissional. Estudei o comportamento humano para aprender a lidar melhor com as pessoas. Foi nesse momento que compreendi a importância de também aprender a lidar comigo mesmo. Percebi a fera que estava enjaulada dentro de mim e que, quando perdia o controle, ameaçava escapar e o fazia.

Ao longo do tempo, fui gradualmente conquistando a confiança das pessoas ao meu redor: supervisores, colegas de trabalho, presos e suas famílias. Nunca precisei recorrer à violência física ou ameaças. Gritar? Nunca! Ofender? Jamais! Com o tempo, aprendi até a falar em voz mais baixa, suave. Era curioso como os presos me ouviam mais quando eu falava baixo, em voz suave, do que quando eu gritava. Parece estranho, não é?

Assim, o tempo foi passando e, para ser sincero, nem percebi. Quando dei por mim, já haviam se passado mais de 27 anos, dois a mais do que o necessário para a aposentadoria. Meus filhos já estavam adultos, minha esposa havia falecido devido a um câncer rápido e agressivo, e eu já tinha netos. Solidão era uma palavra que nunca senti em minha vida.

Meus quatro filhos, duas meninas e dois meninos, começaram a pressionar para que eu me aposentasse. Nenhum deles morava perto de mim. Um deles até vivia em outro estado. Os outros três estavam na mesma cidade, mas longe de mim. Sentia falta deles.

Meus meninos são incríveis, amorosos, carinhosos e responsáveis. Todos eles eram pessoas íntegras e corretas, graças a Deus! Nunca deram trabalho. Mas o que eu mais sentia falta eram dos meus netos. Filhos são maravilhosos, mas netos são ainda melhores.

Os meninos começaram a dizer: "Pai, se aposenta. Vem morar conosco ou perto de nós. Aproveite para passar mais tempo com seus netos, eles estão crescendo e logo não vão mais te reconhecer". Era doloroso ouvir aquilo, mas era a verdade. Sou um homem de família e sentia falta deles. Não me sentia solitário, apenas sentia saudades.

Sabe, meu jovem, filho é uma espécie de ser inteligente. Eles sabem como tocar nos pontos fracos, como fazer chantagem emocional. Sabiam muito bem que o meu ponto fraco, assim como o de todo avô, eram meus netos.

Começaram uma campanha implacável, como uma marcação cerrada. Enviavam fotos, bilhetes dos meus netos, e até gravações de áudio e vídeo... Era impossível resistir. Tomei a decisão de me aposentar e deixar o serviço.

Eu desejava encerrar no mesmo dia e mês em que fui contratado, e coincidentemente, esse dia cairia em um domingo.

Por que escolhi domingo? É o dia em que as famílias vão visitar seus entes queridos na prisão. Quando alguém é condenado e começa a cumprir sua pena, toda família comparece. Pai, mãe, irmãos, tios, tias, padrinhos, madrinhas, filhos, filhas, vizinhos e amigos... Mas aos poucos, todos vão desaparecendo. Um por um. Até que, algum tempo depois, restam apenas as mães. Elas vêm e vão, vão e vêm, até o final.

Foi por isso que tive a ideia de homenagear as mães que, todos os fins de semana, vão visitar seus filhos na prisão, independentemente do crime que tenham cometido. Elas nunca os abandonam. A maioria dos pais, com algumas exceções, é claro, vira as costas e abandona. Para muitos, eles são apenas procriadores que abandonam e abandonam sua cria quando ela mais precisa. Mas as mães não. Elas não abandonam. Elas são fiéis, sacrificam-se... São parceiras fiéis até o fim. São capazes de fazer sacrifícios indescritíveis.

Uma delas, em especial, sempre chamou minha atenção. Nunca faltou a uma visita. Não importava se estivesse frio, sol ou chuva. Não importava se a fila estivesse longa ou curta, demorando ou rápida. Lá estava ela, com suas sacolinhas de comida, roupas, livros e outros mimos sob o braço. Mesmo quando, com certeza, ela própria estava doente, nunca deixou de comparecer.

Ao entrar na fila da revista, ela aparentava estar quieta e triste, mas sempre exibia um sorriso simpático. Nunca a vi com expressão fechada, triste ou reclamando; em vez disso, ela tinha um sorriso agradável para aqueles que a revistavam. Naquele tempo, era um absurdo que homens fossem responsáveis pela revista das mulheres, e muitos guardas se aproveitavam da situação, agindo com desrespeito.

Aquela mãe permanecia ali, quieta e humilde, submetendo-se a tudo em silêncio pelo seu filho, algo vexatório, humilhante, degradante e desumano. Mas lá estava ela, firme, com a cabeça erguida e um sorriso bondoso no rosto, esperando pacientemente sua vez. Todo dia de visita era assim. Para ser honesto, muitos de nós desejavam revistá-la e estar perto dela, porque de alguma forma nos animava e nos fazia acreditar na raça humana e na bondade.

Sua autoridade e integridade moral construíram ao seu redor uma aura de profundo respeito. Ela era admirada e respeitada. Não podíamos conversar com ela ou ter qualquer tipo de proximidade ou humanidade. Devíamos ser profissionais acima de tudo, frios e distantes, embora alguns ultrapassassem esses limites. Afinal, maus profissionais existem em todo lugar. Mas como ela, não havia como escapar, todos tínhamos um mínimo de integridade. Até os mais brutos, pervertidos e perversos se rendiam àquela mulher.

No entanto, o que mais me chamava a atenção não era especificamente ela, mas sim seu filho. O senhor pode não acreditar, mas eu vi presos mudarem dentro da prisão. Mudarem suas atitudes, comportamentos, gestos e ações. Vi poucos, é verdade, porque a maioria saía pior, formada pela faculdade do crime em que muitas prisões se transformaram. O sistema "joga" o homem lá dentro e ele sai como um bicho raivoso, violento e desesperado. Se entra com alguma fé, em pouco tempo tudo desmorona. Como eu disse, não são todos, mas a grande maioria. Ele seria apenas mais um entre tantos. Seria, eu disse. Porque ele não era e nunca foi.

Ele era um jovem de 22 anos, alto, medindo 1,80m e com um corpo escultural de 75 quilos de músculos. Seus olhos eram inteligentes, atentos e brilhavam com vivacidade. Nada escapava à sua percepção. Tinha uma presença marcante e uma liderança natural.

Apesar disso, é importante mencionar que, além da imponência exterior, havia um olhar feroz, ávido e até mesmo cruel. Tratava-se de um indivíduo que inevitavelmente despertava interesse, independentemente do local em que se encontrasse.

Graças à minha vasta experiência, fui capaz de compreender a essência humana e, assim que direcionei meu olhar ao jovem em questão, tive a clara percepção de que enfrentaríamos dificuldades com ele. Não se tratava de preconceito, mas de uma avaliação precisa de seu comportamento.

À medida que o tempo avançava, tornei-me um especialista no estudo do comportamento humano, em particular quando envolvia indivíduos em detenção.

Conforme antecipado, no sexto dia de sua estadia na prisão, ele já havia se envolvido em confrontos com duas facções distintas. Não se curvava a ninguém e não temia as consequências.

Ao ingressar na prisão, ele irradiava uma aura de violência, crueldade e agressividade. Seu olhar feroz evocava uma sensação de ameaça e desafio. Nesse momento, refleti em silêncio: "É improvável que esse jovem consiga atravessar uma semana sem se envolver em conflitos."

Decidi observá-lo com maior atenção. Seu semblante, anteriormente repleto de ferocidade, agora expressava curiosidade e questionamento. Sua postura, antes intimidadora, tornou-se mais solene e reflexiva. Embora ainda mantivesse distância dos outros e se mantivesse isolado socialmente, agora parecia imerso em uma busca por conhecimento, o que o distinguia do ambiente prisional.

O jovem, sentenciado a uma pena máxima de 40 anos de reclusão, desafiava todas as minhas expectativas. Ele não apenas sobrevivera aos primeiros anos, mas também começara a se destacar, representando uma ameaça tanto para nós, agentes penitenciários, quanto para seus inúmeros inimigos atrás das grades. Sua lista de oponentes crescia incessantemente, e a maneira como habilmente ocultava objetos pontiagudos, sempre à disposição para serem utilizados como armas, revelava sua inventividade no artifício de cortar e perfurar.

Embora não houvesse registros de que ele tivesse causado mortes, a ausência de fatalidades se devia ao fato de que ele havia conquistado, de alguma forma, o "respeito" dos outros detentos, que na verdade se traduzia em medo. No universo carcerário, respeito raramente significava uma verdadeira admiração, apenas o temor da violência que ele poderia desencadear a qualquer momento. Aqueles que possuíam um mínimo de valores éticos e morais procuravam se manter distantes dele, cientes de que sua capacidade para matar ou morrer sempre estava presente.

Em determinado momento, porém, algo começou a mudar. Após sete anos de reclusão, ele adotou uma postura mais calma e menos desafiadora. Sua agressividade e violência deram lugar a um olhar cheio de incertezas e questionamentos. Ainda isolado, continuava sem fazer amizades ou iniciar conversas, mas seu olhar agora transmitia uma nova curiosidade e um desejo por respostas.

Certa vez, ao me deparar com ele no pátio, fiquei surpreso. Ali estava o jovem, sentado sob o sol, imerso na leitura de um livro. Essa cena se repetiu nos dias seguintes, despertando minha curiosidade. O que ele estaria lendo? O que ele estaria aprendendo com essas leituras? Com o que estaria envolvido?

Parecia que um novo mundo se abria diante dele, despertando uma sede insaciável por conhecimento em sua mente. Sua força física era evidente em sua postura atlética, mas agora era sua mente que se exercitava constantemente, mergulhando em uma variedade de temas literários. Essa transformação persistiu ao longo dos meses e anos seguintes.

Esse jovem, que antes era uma presença intimidante constante, agora se tornava um enigma a ser desvendado. Sua paixão pelos livros e seu envolvimento com a leitura me faziam questionar o caminho que ele estava trilhando. O que realmente se passava naquela mente fervilhante?

Com o passar do tempo, pude testemunhar uma mudança drástica em sua atitude. Em um dia em particular, deparei-me com um sorriso em seu rosto e fiquei atônito, sem saber como reagir. O olhar penetrante que outrora possuía cedeu lugar a um olhar mais suave e sereno. Sua voz, que antes desafiava, provocava e irritava em busca de conflitos, transformou-se gradualmente em algo agradável, persuasivo e até mesmo prazeroso de se escutar. Ela adquiriu uma melodia e um ritmo encantadores, como se tivesse sido tocada por uma sinfonia celestial.

Aos poucos, ele começou a se abrir para os outros e a fazer amizades. As pessoas ao seu redor o admiravam e buscavam sua companhia. Confesso que, de forma preconceituosa, pensei que ele se tornaria apenas mais um manipulador ou líder influente. No entanto, não foi nada disso. Parece que, por meio da leitura e dos estudos, ele adquiriu conhecimento e sabedoria. Agora, ele expressa suas ideias de maneira sensata, inteligente e humilde, encantando e envolvendo a todos ao seu redor. Em poucos minutos de conversa, já estávamos compartilhando nossas vidas, rindo e nos divertindo. Era impossível resistir a ele. Possuía um magnetismo irresistível e cativante, que atraía e mantinha todos à sua volta, sem fazer qualquer esforço. Era algo natural e espontâneo. Que poderosa ferramenta é essa chamada livro, meu caro.

Após mais de uma década no mesmo ambiente, finalmente percebi que aquele homem conquistou o verdadeiro respeito de todos. Ele não brigava com ninguém e ninguém brigava com ele. Pelo contrário, sempre era alvo de atenção e cuidado. Não apenas os demais detentos o tratavam com simpatia, mas também nós, os funcionários.

E, meu caro, quantas vezes presenciei familiares de outros presos procurando por ele, buscando conversar e dar presentes. Eles o chamavam para diálogos, pediam sua opinião sobre os mais diversos e complexos assuntos. Muitas vezes, testemunhei famílias reunidas ao redor dele, ouvindo-o e pedindo conselhos.

A educação possui um poder extraordinário na vida de um homem, de qualquer um. Naquele ambiente carente de beleza e esperança, o simples ato de segurar um livro em suas mãos operava verdadeiros milagres.

Contudo, meu jovem, não estou sendo justo, pois a verdadeira força e o poder maior residem no amor, especialmente o amor de mãe. No começo, ele resistia e não permitia que ela se aproximasse. Às vezes, ela o visitava, mas ele a evitava. Chegava a ser grosseiro, áspero, arrogante e presunçoso com ela. Isso me causava ira. Eu, que nunca levantei a mão para meus filhos, sentia vontade de dar umas chineladas naquele rapaz. Que Deus me perdoe, pois não é assim que se educa.

Apesar de tudo, lá estava ela, firme como uma rocha a cada visita. Ele a maltratava, xingava, falhava nas visitas e gritava... e ela continuava ali, esperando por ele. Carinhosa, enquanto ele era irônico. Doce, enquanto ele era amargo como o fel. Sincera, enquanto ele era indiferente, rindo daquela situação. Parecia que ele gostava de ver aquela mulher sofrer. Não sei o que conversavam durante as visitas, mas diversas vezes a vi sair chorando e humilhada.

Porém, na semana seguinte, lá estava ela novamente, firme e confiante. Pouco a pouco, a casca do desamor que o filho nutria por ela foi sendo rompida. Foi a partir desse momento que ocorreu uma transformação incrível. Como uma borboleta, ele emergiu de seu casulo e se tornou um homem verdadeiramente bonito, tanto em inteligência quanto em bondade e generosidade. Aquele jovem rebelde agora era um Homem com "H" maiúsculo.

Ela tentava falar com ele, mas era um monólogo silencioso. Tentava segurar sua mão, mas ele a retirava. Tentava tocar seu rosto, mas ele fugia. Meu Deus, eu pensava, que amor de mãe é esse, que se humilha e se sujeita por um filho ingrato e cruel. Cruel sim, porque além de estar ali, preso por assassinato, o que já é uma dor insuportável, ele a renegava e rejeitava toda semana, o que devia ser uma dor ainda maior. Mas o amor de uma mãe é algo que não se entende e nem se explica. Sou homem, não compreendo esse amor incondicional.

Passei a admirar aquela nobre mulher, aquela mãe, por tudo o que ela representava. Seu amor era profundamente inabalável, verdadeiramente incondicional. Nunca trocamos uma única palavra, jamais tive esse privilégio. Minha posição e incumbências no trabalho não me permitiam qualquer proximidade ou intimidade. Até mesmo o mais singelo "bom dia" ou "boa tarde" parecia ultrapassar os limites do nosso relacionamento pactuado.

Decidi, então, que seria inaceitável me aposentar e abandonar meu ofício sem antes dialogar com ela, envolvê-la em um abraço de gratidão e reconhecimento, e deixar claro o quão profunda era minha admiração por essa mulher imponente. É verdade que os livros exerceram transformações notáveis naquele rapaz, naquele jovem, mas, sem sombra de dúvidas, foi o amor materno dela que verdadeiramente o metamorfoseou.

Dirigi-me ao diretor, suplicando alguns preciosos minutos com aquela mãezinha no próximo domingo, o derradeiro dia em que exerceria minhas funções, também celebrando o Dia das Mães. Era imprescindível debater com ela; essa mulher merecia admiração. Felizmente, o diretor autorizou o encontro, e combinamos que, assim que ele concluísse as inspeções de segurança, ela seria conduzida até a sala dele, para que eu pudesse expressar minha sincera estima.

E assim ocorreu. Ela chegou como costumeiramente acontecia ao longo dos últimos 12 anos. Passou por todas as etapas da revista, incluindo a verificação de seus pertences. Foi então informada de que deveria comparecer à sala do diretor. Angustiada e aflita, questionava ao guarda que a conduzia se algo de mal havia acontecido com seu filho. Completamente alheio a qualquer informação, o guarda respondeu que não tinha tais conhecimentos e que seu único dever era levá-la ao local indicado. O temor se expressava claramente em seu rosto.

Ela adentrou a sala insegura, movendo-se vagarosamente, erguendo suas mãos com firmeza. O estimado diretor levantou-se, encaminhando-se em sua direção e cumprimentando-a calorosamente. Ela, conturbada, foi acalmada por ele, que a tranquilizou afirmando que nada havia acontecido ao seu filho e que sua ida até ali não estava relacionada a qualquer incidente. Ela soltou um suspiro de alívio. Gentilmente, ele ofereceu-lhe uma cadeira, convidando-a a se acomodar. Gradualmente, ela encontrava a serenidade que lhe havia sido subtraída.

Nesse momento, aproveitando a recente calma adquirida, o diretor me apresentou a ela e elucidou que, considerando aquela ser minha última jornada profissional e uma solicitação que eu havia externado, sentiu-se "compelido" a cumpri-la.

"Senhora, permita que fiquemos a sós por alguns momentos para conversarmos", disse ele, abandonando a sala.

Devo confessar que me sentia constrangido perante aquela sagaz senhora. Sua força, a singeleza de sua beleza e sua grandiosidade invocavam em mim um sentimento de inferioridade. Ela me lançou um olhar interrogativo. Finalmente, reuni coragem e comecei a falar, as palavras se atropelando:

"Senhora, desde a chegada de seu filho a este local, tenho acompanhando-o de perto. Fui testemunha de sua agressividade e revolta reprimida, percebendo que a adaptação não seria uma tarefa fácil para ele. Em certo momento, cheguei a conjecturar que ele não sobreviveria sequer um ano, pois acreditava piamente que cedo ou tarde entraria em conflito com algum grupo, culminando em seu trágico fim. Eu o observava atentamente, dentro de minhas limitações, ciente de que isso não seria suficiente. Não poderia estar ao seu lado 24 horas por dia, todos os dias. Apesar do desejo de protegê-lo como qualquer outro, entendia que isso estava além das minhas possibilidades. Cada vez que eu chegava e solicitava informações, sentia um alívio ao saber que ele havia sobrevivido por mais um dia.

O tempo passou, senhora, e tive o privilégio de testemunhar sua transformação. Primeiramente, percebi seu interesse pela leitura e pelos estudos, pensando que os livros estavam moldando sua vida. Em seguida, observei que ele estava desenvolvendo relacionamentos mais saudáveis, o que contribuía para sua mudança. No entanto, após longas reflexões, entendi que, embora livros e pessoas tenham influenciado em seu processo de transformação, o ponto determinante foi o amor incondicional que a senhora nutria por ele. Esse amor fez toda a diferença, sendo crucial para sua trajetória de mudança.

Presenciei momentos em que ele a rejeitou e se expressou com grosseria e brutalidade, e peço-lhe perdão, senhora, mas muitas vezes desejei ser seu pai para corrigi-lo, repreendê-lo quando necessário e proporcionar-lhe uma educação adequada. A ingratidão dele para com a senhora, seu desrespeito pela dedicação, afeto e amor que a senhora lhe dedicava, despertavam em mim uma sensação de desconforto, revolta e profunda indignação.

No entanto, pouco a pouco, comecei a presenciar uma transformação interna em curso, ainda que sutil e talvez pouco perceptível a ele próprio. Esse processo, senhora, foi uma colheita plantada pelo seu amor silencioso, persistente e incondicional.

Foram todas essas razões, senhora, que me levaram a solicitar ao diretor a oportunidade de falar com a senhora e expressar minha admiração. Foi assim que declarei a ele:

"Senhora, já testemunhei muitas manifestações de amor materno, mas o seu pelo seu filho é algo que jamais havia presenciado antes. Seu filho é abençoado por ter nascido de uma mãe tão extraordinária como a senhora."

Nesse instante, como se estivesse impactada por minhas palavras e pela minha emoção reverente, ela decidiu revelar a verdade que eu desconhecia até então. Sentindo-me surpreso e aturdido com a informação, perguntei apressadamente:

"Como assim? Ele não é seu filho? Ele é o assassino dele? Como isso é possível, meu Deus?"

Foi então que ela elucidou, revelando uma parte da história que eu desconhecia:

"Meu filho era um jovem exemplar. Estudioso, responsável, sempre agindo corretamente. Era extremamente afetuoso comigo, nunca elevava a voz, disciplinado e obediente. Possuía uma paixão inabalável pelo trabalho, pelos estudos e um amor profundo pela música, cinema e teatro. Sua inteligência era notável, além dos limites. Nunca trouxe preocupações, apenas excelentes notas. Não havia um professor que não o admirasse, e ele sempre tinha uma grande quantidade de amigos ao seu redor.

Sua generosidade era notável, sempre auxiliando genuinamente as pessoas. Carregar pesados livros debaixo do braço e passar horas e horas lendo era algo comum em sua rotina.

Mas um dia, em uma volta da faculdade como qualquer outra, um ladrão tentou assaltar o ônibus em que meu filho estava. Exigia que todos entregassem seus celulares e carteiras.

Meu filho, que não dava valor a bens materiais e tinha uma inocência cativante, tentou atender ao pedido do bandido. Em meio ao frio que envolvia aquele dia, ele rapidamente se dirigiu ao bolso de sua jaqueta. No entanto, o ladrão, um jovem quase da mesma idade dele, visivelmente alterado pelo uso de drogas e álcool, em um delírio, pensou que meu filho estivesse buscando uma arma.

Sem pensar duas vezes, disparou um tiro quase à queima-roupa, atingindo-o fatalmente no rosto. Ele caiu sem vida no mesmo instante. O ladrão ordenou ao motorista que parasse o ônibus e, em seguida, fugiu sem levar nada de valor. Por sorte, alguns policiais à paisana que estavam na região conseguiram capturá-lo e prendê-lo.

Recebi a notícia devastadora enquanto estava em casa, lavando roupas. Mães não deveriam ser informadas desse modo. É como se o mundo desabasse sob nossos pés, nos puxando incessantemente para baixo. Parece que um abismo se abre em nossa alma, uma dor insuportável que se torna indescritível. A sensação de perder um filho é avassaladora. A ideia de viver sem ele parece sem propósito, como se as mães não devessem existir.

Lembro-me com saudade dos momentos em que ele chegava em casa, me abraçava, me beijava e bagunçava meu cabelo, sabendo que eu detestava estar despenteada, apesar de minha vaidade. Seu sorriso suave e contagiante era capaz de dissolver todas as preocupações. Em seguida, ele se acomodava no sofá, deitava-se em meu colo, e era minha vez de afagar seus cabelos macios e cheirosos. Quantas vezes ele adormeceu cansado assim. Toda aquela ternura e doçura se perderiam. Com um único tiro, duas vidas foram ceifadas. A dor é profunda, é indescritível.

Nesse momento, ela fez uma pausa, enxugou as lágrimas que escorriam, bebeu água e prosseguiu.

"Eu sou uma pessoa pacífica. Nunca gostei de discussões, intrigas ou fofocas. Meu marido e eu nunca brigamos. Sempre resolvemos nossos problemas através do diálogo. Sempre respeitei meus pais e irmãos. Meus vizinhos são meus amigos..."

Num ato inoportuno e curioso, interrompi-a para perguntar sobre seu marido, que nunca a acompanhava em suas visitas ao "seu filho".

Sua resposta ressoou tristemente em meus ouvidos: "Ele faleceu". Logo após o nascimento de meu filho, ele foi imediatamente levado para a incubadora, pois sua pele estava roxa e ele tinha dificuldades para respirar. Os médicos suspeitaram de um problema cardíaco, mas, felizmente, ele se recuperou rapidamente e recebeu alta pouco depois.

Na noite em que finalmente pudemos levá-lo para casa, meu marido e eu mal conseguíamos dormir. Sentíamos uma mistura avassaladora de ansiedade e felicidade. "Agora sim", ele repetia, "somos uma família! Estamos completos!" Nossos corações transbordavam de gratidão enquanto ele proferia essas palavras, e eu alternava entre risos e lágrimas. Sentíamos uma plenitude que penetrava cada fibra do nosso ser.

Quando o dia amanheceu, decidimos ir de carro até o hospital, pois não conseguíamos esperar para levá-lo para casa. O tempo parecia ter congelado, as horas se arrastavam, e o relógio parecia zombar de nossa impaciência.

Era uma sexta-feira, quase seis da manhã. Meu marido, sempre zeloso e habilidoso ao volante, intensificava sua atenção quando eu estava ao seu lado. Ele costumava dizer que era sua responsabilidade cuidar de mim, uma afirmação singela, porém repleta de afeto.

Ao nos aproximarmos de um cruzamento, com o sinal verde nos convidando a avançar, ele fez a curva para entrar na rodovia. Contudo, o destino parecia tecer tramas diferentes. Um motorista embriagado, acompanhado por quatro amigos igualmente alcoolizados, invadiu a pista desrespeitando o sinal vermelho e colidiu com violência contra nosso veículo. A batida atingiu o lado do motorista com força avassaladora, causando um estrondo ensurdecedor. Fomos arremessados para longe, bruscamente separados de nossa existência pacífica.

Quando finalmente recobrei a consciência, deparei-me com a dolorosa realidade de que meu marido estava gravemente ferido. A magnitude do impacto o deixara inconsciente. Contudo, em um momento fugaz de lucidez, ele proferiu apenas uma frase: "Cuida do nosso menino...". Em seguida, partiu. Os quatro jovens no outro veículo, todos menores de idade, também encontraram a morte. Eu era a única sobrevivente.

Naquele instante, um torpor de dor me arrastava para as profundezas da morte em vida. Juro por Deus, preferiria morrer mil vezes em seu lugar. Eu, que sempre nutria uma fé inabalável, questionei-O: Onde estás Tu, Deus, permitindo que uma mãe, acima de tudo, seja atormentada dessa forma justamente quando deveria ser a mulher mais iluminada deste universo? Porventura és um Deus da tristeza? Onde estavas Tu quando minha necessidade era mais premente? O que fiz para merecer tamanho infortúnio? Por que fui castigada com tamanha severidade? Que tipo de Deus castiga seus filhos simplesmente por amarem?

Esses questionamentos amargos e cruelmente incisivos invadiam meus pensamentos. Confesso sentir vergonha, mas me distanciei Dele. Minha religião esboçou respostas como "Deus possui mistérios insondáveis! Nem todas as respostas nos são permitidas compreender!". Essas afirmações nunca me confortaram, apenas instigaram mais revolta, afastando-me definitivamente.

A dor da perda de meu marido foi implacável, ferindo meu coração de maneira indescritível. Fui mergulhada em um oceano de desespero, sufocada pela revolta, pelos prantos e pela agonia. Senti-me prostrada, desprovida de forças para seguir em frente. Os vizinhos insistiam que eu precisava me reerguer, afinal, tinha um filho para criar e proteger. Alegavam que essa postura prejudicaria, inclusive, a alimentação do pequeno.

"Pense em seu filho agora!" - repetiam incessantemente. Porém, eu era incapaz de fazê-lo. Meus pensamentos estavam fixados na ideia de que Deus havia levado embora o grande amor de minha vida, e sem ele, não via motivos para continuar existindo.

Apenas após duas semanas, consegui clarear minha mente. Lágrimas varreram quaisquer pensamentos negativos. Lentamente, uma ideia começou a emergir, ressoando constantemente de maneira íntima e afetuosa, até que eu a escutasse com clareza: "Cuide do nosso menino!" - Foi o último pedido que meu amado fez antes de partir.

Levantei da cama e decidi retomar a vida. Era o que ele desejava, o que ele queria que eu fizesse. Fui buscar nosso filho. Essa decisão foi ao mesmo tempo complicada e simples. Complicada, pois eu estava sem ele, meu grande amor, e simples, pois estava diante de um outro grande amor.

Ao chegar ao hospital e segurar meu filho nos braços, enquanto ele sorria, como se me reconhecesse, toda a dor se dissipou, desapareceu, evaporou. Eu lembrava das palavras do meu marido:

Agora somos uma família. Sim, os três permaneceríamos juntos... para sempre. Eu amava aquela criança, e minha família era o que dava sentido à minha vida. Meu filho era o elo que nos ligava, meu marido e eu. Pai e filho eram tão parecidos, até mesmo no jeito de caminhar, que poderiam ser confundidos. Meu amor pelo meu filho era uma honra à memória do meu marido, uma declaração de que éramos e sempre seríamos uma família.

E assim ele cresceu, envolto em amor. Meu filho era meu tesouro nesta terra. No entanto, aquele disparo, vindo de alguém desprovido de qualquer compreensão do que é o amor, daquele personagem brutal e selvagem, trouxe a tragédia e o crime, com as mãos manchadas de sangue inocente, fez emergir em mim emoções e sentimentos até então desconhecidos. Era um ódio profundo, rancoroso e corrosivo.

Não tinha consciência de que esse sentimento habitava meu ser, mas naquele dia, vi-o se espalhando e tomando vida dentro de mim. Eu era alguém que clamava fervorosamente por justiça, mas no fundo nutria uma sede de vingança. Minhas palavras eram claras e diretas:

- "Desejo que a justiça seja feita!"

- "A justiça divina pode demorar, mas nunca falha!"

- "Não importa quanto tempo passe, ele precisa pagar por seus atos e crimes!"

E assim, eu segui por esse caminho obscuro, da raiva e do ressentimento. Ideias insanas cruzavam minha mente, chegando ao ponto de cogitar a encomenda de sua morte... Meu Deus, eu estava completamente desequilibrada. Cheguei ao extremo de considerar a pena de morte como uma forma de assassinato cometido por terceiros...

Decidi contratar um advogado e acompanhar de perto todos os detalhes do processo. Eu precisava saber tudo, ansiava por informações. Queria estar presente no dia do julgamento, encarar o assassino de frente e fazer com que ele compreendesse a dor que ele havia me causado. E assim o fiz.

No dia do julgamento, lá estava eu, abatida e prematuramente envelhecida, carregando a dor em cada parte do meu corpo e da minha alma. Derramei inúmeras lágrimas quando mencionaram a vítima, meu amado e querido filho.

À medida que o advogado de defesa daquele criminoso se levantou para iniciar seu discurso, uma intensa aversão por ele se desenvolveu em mim. Eu acreditava que um crime tão brutal sequer merecesse direito à defesa. Como alguém em sã consciência poderia representar aquele que, de forma evidente, tirara a vida de outro ser humano?

Perguntei a mim mesma se ele não tinha família, filhos. E se fosse seu próprio filho, será que ele o defenderia? Certamente, o dinheiro não teria o poder de movê-lo nessa situação.

Ele caminhou até o centro da sala de audiência, olhou para os jurados e começou a falar... iniciou falando sobre seus pais e sua infância... Foi nesse exato momento que minha realidade se transformou por completo. Enquanto o advogado defendia seu caso com argumentos eloquentes, comecei a enxergar além da superfície daquele jovem. Percebi que ele não era necessariamente um ser malévolo, mas sim alguém que jamais havia experimentado o calor do amor ou aprendido da forma correta.

Uma reflexão brotou em meu âmago: "Ele não é mau, apenas desconhece a essência do amor. Ele aprendeu a amar de forma errada. Confunde amor com agressão. Ele tem medo e, por ter medo, agride."

Naquele dia fatídico, uma mudança revolucionária tomou conta de mim, dissipando todo o ódio, rancor, mágoa e dor que antes me habitavam. Independentemente do desfecho do julgamento, decidi que me aproximaria daquele jovem e lhe ensinaria o verdadeiro significado do amor.

Após o veredicto condenatório, fiz questão de procurá-lo na prisão. Apresentei-me e aguardei pacientemente até que ele consentisse em me receber. Foi necessária uma dose considerável de insistência, tanto da minha parte quanto do seu advogado, que conhecia minhas genuínas intenções. Por fim, ele aceitou dialogar comigo.

Inicialmente, ele mostrava-se desconfiado e temeroso, receoso do que eu poderia fazer ou dizer. Ele me afastou e recusou-se até mesmo a travar qualquer conversa comigo. No entanto, eu persisti, ciente de que se tratava de um processo árduo e prolongado. Mantive-me aberta para a possibilidade de mudança.

De súbito, algo mudou dentro dele. Ao invés do silêncio pacífico e da vontade de me escutar, ele desencadeou uma torrente de agressões verbais contra mim. Toda sua raiva represada veio à tona, uma ira que se alimentava dos pais, da infância, das mulheres que se aproximaram dele — jamais teve amigos —, da sociedade, do mundo, da humanidade, do meu filho, e até de mim. Apesar de sua estatura imponente, com quase 1,85m, uma raiva profunda ardia em seu interior.

Nesse momento, pensei em desistir. Seria possível que alguém imerso em tanto ódio pudesse realmente mudar? Contudo, eu estava decidida.

Ele, dotado de grande inteligência, percebeu minha determinação e decidiu explorá-la em seu benefício. Propôs que continuaria me recebendo, desde que eu trouxesse itens de sua escolha a cada visita. Cigarros, chocolate, frigorífico (sugiro substituir "frigorífico" por um item mais adequado, pois frigorífico se refere a uma geladeira ou a um estabelecimento para armazenamento de alimentos).

Concordei, mas impus uma condição. Assegurei-lhe que traria tudo o que ele me solicitasse, em quantidades abundantes, contanto que também levasse livros. Estabelecemos um acordo. A cada semana, nos dedicaríamos à leitura de uma obra e debateríamos sobre seu conteúdo. Caso ele não cumprisse sua parte no trato, eu reduziria a quantidade de itens solicitados em sua lista. Ele demonstrou resistência, todavia, mantive-me firme. No início, ele relutou em ler um livro por semana, uma vez que enfrentava dificuldades na leitura, quase sendo analfabeto. Cedi a seu pedido de levar um novo livro a cada duas semanas. Fui compreensiva, pois algo é melhor do que nada, e certamente superior a perdê-lo.

Eu testemunhava suas dificuldades e o auxiliava em sua jornada de leitura, quase como se estivesse ensinando-o a ler novamente. No entanto, isso foi somente no começo.

Como mencionei anteriormente, sua inteligência era excepcional. Assim que percebeu que os livros que eu trazia eram de natureza infantil, sentiu-se desconfortável e até mesmo ofendido. Em resposta, prometi substituir os livros à medida que sua habilidade de leitura e compreensão melhorasse. Essa garantia foi suficiente para despertar seu interesse, e em pouco tempo precisei aumentar a quantidade de livros, levando um por semana.

Ele devorava as páginas, apreendendo todo o conhecimento nelas contido e formulando questionamentos perspicazes. Uma sede insaciável de saber despertou dentro dele. Foi nesse momento que ele começou a frequentar a biblioteca, auxiliar outros companheiros na arte da leitura e, surpreendentemente, descobriu prazer em ensinar.

Ele se tornou um farol transformador em sua jornada. Ao se dedicar ao auxílio dos outros, desvelou as riquezas intrínsecas: valor, reconhecimento e utilidade. Naquele dia, quando adentrei o recinto para visitá-lo, o ambiente se envolveu em um solene silêncio, e pela primeira vez, ele acolheu minha mão em um terno encontro.

Seu olhar mergulhou nas profundezas dos meus olhos, e uma ternura indescritível emanou de seu ser. Então, com uma voz impregnada de apreensão, ele proferiu:

- Desejo compartilhar algo com você, mas temo que minhas palavras sejam ofensivas...

Encorajei-o a prosseguir, pois transcorreram mais de uma década desde nosso primeiro encontro. No entanto, no íntimo do meu ser, uma inquietação se avolumava. Receava que ele solicitasse que cessasse minhas visitas. Não porque ele tenha feito tal pedido anteriormente, mas sim porque a situação agora era diferente. Eu o conhecia profundamente e, ousaria afirmar, o amava. Sim, o amor havia germinado em minha alma. E assim, temi a de suas palavras. Ele começou a falar rapidamente, envolto em uma tempestade de emoções.

Eu jamais tive uma mãe... Bem, na verdade tive... Porém, ela nunca se mostrou uma mãe verdadeira, no sentido mais profundo e afetuoso... Concedi-lhe meu perdão... Ela era alcoólatra, usuária de drogas, entregava-se à prostituição... Ela não se amava, e, por isso, aceitava qualquer forma de amor degradante... Homens envoltos em depressão, agressividade, violência, vício... Quando não nos amamos, qualquer falsa representação de afeto nos satisfaz... Ela faleceu prematuramente, vítima de um desses homens... Eles também me infligiram danos indizíveis: espancavam-me, abusavam sexualmente e coagiam-me a traficar drogas. Uma infinidade de depravações

Nunca conheci e nunca experimentei o verdadeiro amor. No entanto, não vale a pena reviver essa narrativa, pois já faz parte do passado. Superei, essa fase. Apenas você me tratou como um ser humano, e me fez perceber o meu valor e que a vida tem um propósito. Enfrentei muitas pessoas, mas nunca desejei tirar-lhes a vida. Na verdade, eu desejava a minha própria morte.

Sim, é verdade, ansiava pelo fim. E, como eu não tinha coragem para consumar tal ato, eu desejava que alguém o fizesse em meu lugar. Somente Deus sabe o quanto lamento todas as minhas ações... Cometi atos horrendos e um deles foi ceifar a vida de seu filho, minha senhora. Ah, como eu desejaria retroceder... Transformei-a em órfã... Perdoe-me, minha senhora... Eu ignorava as implicações de meus atos. Quando me espancavam, justificavam como prova de amor. Aprendi o amor através de um caminho equivocado.

Ele ocultou o rosto entre os braços e, curvado sobre a mesa, derramou lágrimas abundantes... Nesse instante, ergui-me e contornei a mesa. Aproximei-me dele e abracei-o com toda a devoção que transbordava do meu coração, também derramando lágrimas de emoção. Entre soluços, consegui articular:

- Meu filho, sim, meu filho. Não me considero uma "mãe órfã". É verdade que meu filho biológico, aquele que concebi em meu ventre, partiu prematuramente. Contudo, antes de partir, ele me agraciou com a oportunidade de ser uma "mãe por escolha". E eu escolhi ser sua mãe através do perdão, caso você me permita...

Ele voltou o rosto em minha direção, envolveu-me em seus braços como meu outro filho costumava fazer, abraçou-me e beijou-me enquanto lágrimas escorriam por suas faces. Com ternura, sussurrou:

- Eu te amo! Este se transformou em um marco decisivo em sua trajetória, um ponto de virada que reverberou em sua vida. Ao se dedicar ao auxílio dos outros, ele descobriu um sentido maior, o valor intrínseco que possuía e o reconhecimento que lhe era devido. Em um dia em que fui visitá-lo, algo incomum aconteceu: ele estava em silêncio e, pela primeira vez, segurou minha mão. Seu olhar mergulhou profundamente nos meus olhos, emanando uma ternura tão intensa que pude senti-la em meu âmago. E então, com uma mistura de apreensão e sinceridade, ele disse:

- "Existe algo que eu gostaria de lhe dizer, mas receio que minhas palavras possam ofendê-la..."

Encorajei-o a prosseguir, afinal, já se passaram mais de dez anos desde que nos conhecemos. Mas confesso que, naquele momento, um medo me assolou. Receei que ele desejasse que eu não o visitasse mais. Não porque ele já tivesse expressado tal desejo anteriormente, mas porque agora havia um vínculo que nos unia. Eu o conhecia profundamente e, ousaria dizer, o amava. Sim, eu o amava. E foi esse amor que me fez temer suas palavras. Ele começou a falar rapidamente, deixando transparecer as emoções que o atravessavam...

- "Eu nunca tive uma mãe de verdade... Bem, é verdade que tive uma mãe biológica, mas ela nunca exerceu o papel de forma afetiva. No entanto, eu a perdoei. Ela lutava contra o alcoolismo, o vício em drogas e se envolvia na prostituição. Sua falta de amor-próprio a levava a aceitar qualquer forma distorcida de afeto. Homens depressivos, agressivos, violentos e viciados eram presença constante em sua vida. Quando não nos amamos, qualquer tipo de amor parece suficiente."

Ela morreu muito jovem, assassinada por um desses homens... Eles também me causaram muito sofrimento. Batiam em mim, abusavam sexualmente, me obrigavam a traficar drogas... Fui exposto a todo tipo de depravação. Nunca conheci o verdadeiro amor... Mas não vale a pena falar sobre isso, já faz parte do passado... Eu superei... Só você me tratou como um ser humano... Me fez sentir que eu tinha valor e que a vida tinha um propósito...

Enfrentei muitas pessoas, mas nunca quis matar... Eu queria morrer. Sim, era isso, eu queria morrer e, como não tinha coragem para tirar minha própria vida, desejava que alguém o fizesse por mim... Só Deus sabe o quanto me arrependo de tudo o que fiz... Cometi atos terríveis... Um deles foi tirar a vida do seu filho, senhora. Ah, se eu pudesse voltar atrás... Eu tornei você uma mãe órfã...

Por favor, me perdoe, senhora... Eu não sabia o que estava fazendo... Quando me machucavam, diziam que era porque me amavam... Eu aprendi o amor da maneira errada...

Ele escondeu o rosto entre os braços e, curvado sobre a mesa, chorou... Nesse momento, levantei-me e contornei a mesa. Aproximei-me dele e o abracei com todo o amor que transbordava em meu coração, deixando também minhas lágrimas fluírem. Entre soluços, consegui dizer:

- Meu filho, sim, meu filho. Eu não sou uma "mãe órfã". É verdade que meu filho biológico, aquele que carreguei em meu ventre, partiu prematuramente. Mas antes de partir, ele me presenteou com a oportunidade de ser uma "mãe por escolha". E eu escolhi ser sua mãe através do perdão, se você me permitir...

Ele virou seu olhar em minha direção, envolvendo-me em seu colo, como fazia meu outro filho em tempos passados. Seus braços me abraçaram com ternura, e seus lábios depositaram beijos suaves em minha face, enquanto lágrimas trilhavam um caminho pelo seu rosto. Com voz suave, ele sussurrou:

- "Eu te amo, mamãe!" - O homem, outrora forjado pela violência, finalmente se rendeu ao poder avassalador do amor.

Ele chorou, chorou e chorou... E eu? Só me restou chorar. Chorar copiosamente.

E ainda hoje, as lágrimas brotam em meus olhos ao recordar aquele dia, aquele momento. É tão gratificante reviver aquelas lembranças, embora as palavras não sejam suficientes para descrevê-las. Não foi necessário expressar meu amor em palavras. Ele já sabia. Sim, ele sabia.

Sabe, senhor, somente o amor possui a capacidade de romper as correntes do ódio e do ressentimento, abrindo caminho para o perdão. O amor é capaz de quebrar as algemas do rancor e fomentar a reconciliação. O perdão é vida, esperança e renovação. Por sua vez, o ódio se mostra como uma prisão que mantém tanto a vítima quanto o agressor cativos, sem perspectiva de libertação. Neste momento, deparamo-nos com duas vítimas: aquela que sofreu a agressão e o próprio agressor. Ambos são prisioneiros de suas fraquezas, medos e inseguranças.

A vítima, ao não conseguir sobrepujar a ignorância e a maldade do agressor, iguala-se a ele ao recusar o perdão. Deste modo, torna-se uma vítima ainda mais vulnerável. O agressor, por sua vez, acaba se tornando vítima de suas próprias ações e circunstâncias. Ele é afetado pelo ódio e pela vingança daqueles que ele agrediu, caso existam. Além disso, ele se torna vítima de si mesmo, enfrentando as consequências de seus atos no presente ou no futuro. A ignorância também desempenha um papel, pois muitas vezes ele desconhece a Lei do Amor que governa nossas vidas.

Por fim, o agressor começa a reconhecer a importância de sua consciência, que se torna o juiz mais implacável. Podemos escapar de qualquer forma de justiça humana, mas nunca poderemos nos evadir de nossa própria consciência. Ela é uma lei ineludível: a Lei de Causa e Efeito. Essa lei é soberana, justa e benevolente, não buscando aniquilar o erro ou o transgressor, mas responsabilizando a todos por suas atitudes e ações. Ela estabelece uma igualdade e equanimidade que nos nivelam perante ela.

Essa mesma lei nos impõe o dever de corrigir, reparar e reconstruir aquilo que perturbamos e desequilibramos, seja no presente ou no futuro, pois tudo opera em harmonia e sincronicidade. A lei é sábia e intransponível por qualquer artifício. Tanto os agredidos quanto os agressores frequentemente tornam-se vítimas de seu próprio orgulho, vaidade e egoísmo. Essas três imperfeições geram um inferno e uma prisão profundos, sombrios e fétidos dentro de nós. Contudo, o amor e o perdão são como uma luz que brilha na mais densa escuridão. São como o sol e o calor que aquecem o coração.

Assim sendo, meu amigo, ao compartilhar essa história, percebo que me transformei na mãe do assassino de meu filho. Isso não é uma substituição ou uma necessidade. Um filho jamais substitui o outro. Posso afirmar, com absoluta convicção, que tenho dois filhos a quem amo profundamente: um gerado em meu ventre e o outro escolhido por mim. Qual deles eu amo mais? A resposta é ambos. Possuo amor suficiente e transbordante para ambos.

O senhor está certo, ele é realmente meu filho! Sou uma mulher plena e completa e sou uma mãe feliz! Muitas pessoas me condenam e julgam, emitindo sentenças severas por eu ter acolhido um criminoso como meu filho, e especialmente por ele ter tirado a vida do meu outro filho. Dizem que eu deveria odiá-lo, que ele merece arder no inferno e que certamente vem de lá. Mas o amor é liberdade. O amor é libertador. O perdão nos liberta. Perdoar é viver, e odiar é morrer. Aqueles que odeiam morrem um pouco a cada dia, a cada instante. O ódio é uma condenação. O ódio é o inferno.

No entanto, somos nós mesmos que escolhemos nosso caminho. E eu escolhi trilhar o caminho do amor e do perdão. É verdade que poderia ter alimentado o ódio e permitido que ele corrompesse minha alma, mas decidi quebrar esse ciclo de destruição. Percebi que o ódio apenas perpetua o sofrimento, ao passo que o amor tem o poder de curar e reconstruir. A dor e a saudade podem permanecer, porém o sofrimento não. Sofrer é uma opção, uma questão de escolha, e eu optei por não sofrer.

O amor não conhece barreiras, não se importa com a origem, história ou erros passados. Ele é capaz de transpor todos os obstáculos e transformar a escuridão em luz. Então, sim, escolhi amar meu filho criminoso. Não porque ele merece, mas porque todos merecemos a chance de nos redimir e encontrar a paz dentro de nós.

Não é uma escolha fácil, é um desafio diário. Mas eu decidi que minha missão como mãe é ajudá-lo a encontrar o caminho da redenção, dando a ele amor, apoio, compreensão e fé na sua capacidade de mudança. E assim, transformei o inferno em um novo céu, pois a verdadeira maternidade transcende qualquer rótulo ou título.

Um é meu filho de sangue e o outro é meu filho por opção. E amo os dois da mesma forma, incondicionalmente. O amor não se limita à biologia, não se restringe a um único filho. Na verdade, o amor é infinito e pode abraçar a todos. Escolhi não definir ou justificar esse amor, pois ele simplesmente é, sem explicações ou limitações.

Sim, sou mãe de uma constelação. E dentro dessa constelação, coexistem o céu e o inferno, o amor e o ódio. Mas é nossa escolha decidir qual caminho queremos seguir, qual sentimento queremos alimentar. Optei por viver no céu, pois é lá que a força do amor e do perdão habita. Amar é a verdadeira essência da vida.

- Ponto final, fim da história "seu moço", disse ele.

Ele terminou a narrativa e eu fiquei ali, quieto e emocionado, olhando-o, agradecido e comovido. Não sou um homem que reprime lágrimas, portanto, deixei que elas descessem livremente dos meus olhos e molhassem minhas faces.

Eu não tinha o que dizer e não havia motivo para falar. Há coisas que precisam ser ditas em silêncio. Levantei-me e dei um abraço forte e grato naquele homem, que havia me contado uma das mais belas histórias de amor e resignação que eu já havia ouvido.

Ele sorriu, compreendendo minha emotividade silenciosa, e acenou, caminhando lentamente em direção à rua...

O Poder Curativo do Amor

Sem saber quando ou por que, começamos a discutir sobre o perdão, um tema ainda mais difícil e quase impossível quando a pessoa que nos ofende é alguém próximo e digno de confiança. Também questionávamos como agir quando somos nós os ofensores. Concluímos que, ao nos ofender, magoar e ressentir, e desejar vingança, carregamos o ofensor e agressor em nossos pensamentos, causando-nos grande sofrimento.

Perdoar, por outro lado, é libertador. Alguns argumentaram que a dificuldade em perdoar está ligada ao orgulho e egoísmo exacerbados, e ao receio de que, ao perdoar, estejamos validando o erro do ofensor, como se perdoar fosse tornar o errado certo. Outros afirmaram que o perdão não apenas nos livra da presença do agressor, mas também quebra as correntes que nos prendem a ele. O ódio mantém a vítima presa ao seu agressor, a raiva escraviza e a mágoa nos adoece.

Havia ainda aqueles que defendiam a lei de causa e efeito, argumentando que todos nós somos responsáveis por nossas ações e que, portanto, colhemos as consequências de nossos atos. Se a ação é má, a consequência será má; se a ação é boa, a consequência também será boa. Cada um colhe segundo suas obras, afirmavam eles.

Dona Maria, uma amiga querida, amada e respeitada, com quase 70 anos, pediu licença para compartilhar sua história. Chamaremos ela assim para preservar sua identidade e a de sua família. Ela começou descrevendo sua vida quando tinha por volta de 14 anos, vivendo com seus pais e oito irmãos em uma pequena cidade do nordeste. As famílias eram sempre grandes, e era costume que as meninas se casassem aos 13, 14 ou 15 anos. Isso acontecia em parte para escapar da fome e, às vezes, para fugir de pais agressivos e abusadores. Não eram apenas os pais que abusavam sexualmente de suas filhas, mas também os próprios irmãos e parentes, que cometiam atos abusivos e ficavam impunes.

Seu pai não era agressivo nem abusador, mas a tradição exigia que ela se casasse. Afinal, ao casar-se, ela seria uma boca a menos para alimentar ou um par de mãos fortes para ajudar no trabalho no campo ou no cuidado dos poucos animais que possuíam. Seu pai, que nunca havia sido violento com nenhum de seus filhos, era um homem bom, justo, carinhoso e muito diferente dos outros homens e pais daquela região.

Por necessidade, um dia ele sentou-se com Dona Maria e disse que estava na hora dela seguir seu próprio caminho, ou seja, casar-se e constituir uma família. No entanto, ele deixou claro que ela tinha o direito de escolher com quem queria se casar, algo incomum naquela época. Afinal, estamos falando de 50 ou 60 anos atrás, quando o país, os irmãos ou os responsáveis decidiam com quem as filhas se casariam. Ele deixou claro que ela deveria escolher e que só se casasse por "amor".

A narrativa era um verdadeiro banquete para os sentidos, onde as palavras dançavam e as imagens se materializavam. Após um pequeno gole de vinho, ela prosseguiu:

A partir desse instante, eu ocupava grande parte do meu tempo com o corpo inclinado para fora da janela. Observava atentamente o vaivém da rua, entregando-me a devaneios de um futuro distinto, imaginando como seria encontrar o amor verdadeiro. Naquele tempo, acreditava estar fazendo minhas próprias escolhas, mas hoje compreendo que o destino, de alguma maneira, me conduzia sutilmente.

Eu possuía uma beleza deslumbrante: cabelos negros e sedosos, olhos penetrantes e um corpo encantador.

Nós éramos muito pobres. Eu tinha apenas dois vestidos, e um deles era bastante desgastado, herdado de minhas irmãs mais velhas. Por isso, o vestido se ajustava ao meu corpo, realçando os pequenos seios que começavam a se desenvolver.

O sorriso que sempre enfeitava meus lábios me tornava ainda mais irresistível e fascinante.

Os garotos subiam e desciam, desfilavam e faziam piruetas para chamar minha atenção, mas, na verdade, nenhum deles conseguia despertar qualquer interesse em mim. Eu os olhava com profundo desprezo, pois os via como muito imaturos. Como poderiam assumir um compromisso tão duradouro se ainda eram tão jovens? Eu sabia que isso não daria certo.

O tempo foi passando e, apesar de meu pai não dizer nada, eu percebia que estava demorando para tomar uma decisão... afinal, não era para ser algo que durasse a vida toda? Então, a escolha tinha que ser bem-feita, pois divórcio e separação não eram opções nessa situação. Voltar para casa, especialmente com filhos, estava totalmente fora de questão para mim.

O tempo continuou passando... passando... até que um dia, já quase no fim da tarde, por volta das seis horas, com o sol se pondo e a noite se aproximando, olhei para o fim da rua e vi um rapaz virando a esquina. Não conseguia ver seu rosto, apenas sua silhueta. E naquele momento, senti minhas pernas tremerem, meu coração disparar e uma intensa energia me envolver.

- "Meu Deus, o que é isso?" - questionei a mim mesma.

Eu não sabia, mas mantive o olhar fixo, tentando enxergar melhor a figura. Ele ia subindo a rua lentamente, em minha direção, do outro lado da calçada. Continuou caminhando, subindo devagar... meu coração acelerava a cada passo.

Quando ele se aproximou e pude ver sua silhueta claramente, percebi que era um rapaz muito alto, tão alto que caminhava meio encurvado. Era magro e desengonçado, seus cabelos estavam compridos, batendo nos ombros e pareciam sujos e emaranhados.

Quando finalmente ficou de frente para mim, pude ver seu rosto. Era uma mistura de branco e amarelo, com grandes espinhas encravadas e olhos penetrantes... mas, meu Deus, como ele era feio! Como alguém pode ser tão feio assim?

Eu estava atônita, pois agora sentia uma atração ainda mais intensa. Um calor envolvia o meu corpo, enquanto meu coração parecia decidido a sair correndo e deixar-me sem fôlego. Minhas pernas tremiam e meus joelhos batiam um contra o outro. Era como se meu coração estivesse batendo tão forte que todos ao redor pudessem ouvi-lo.

Ele parou, olhou para mim e sorriu. Foi nesse momento que eu entendi que estávamos destinados um ao outro. Era ele!

Começamos a namorar, pois trocávamos olhares furtivos durante a missa aos domingos. Depois, caminhávamos em círculos no coreto da cidade, ele seguindo o sentido horário e eu seguindo o sentido anti-horário.

O primeiro mês passou e era assim que nos olhávamos: durante a missa e passando a apenas um metro de distância na praça da cidade.

Após três meses de namoro, ele finalmente reuniu coragem para falar com meu pai e pedir permissão para me namorar. Naquela época, as coisas funcionavam assim. O pai tinha que dar permissão, consentir. Meu pai fez uma entrevista completa com ele e, ao final, sabia mais sobre ele, sua família e suas intenções do que eu mesma sabia. No entanto, ele disse que só permitiria se fosse o meu desejo.

Começamos a namorar. Há 60 anos, não havia toda essa "pegação" de hoje em dia. O namoro acontecia na sala de casa ou sentados na porta, sob o olhar vigilante do pai, da mãe e dos irmãos, e às vezes todos juntos. Ficar sozinhos era algo raro.

Três meses depois de começarmos a namorar, ele me pediu em casamento. Tudo estava acertado, e seis meses depois, nos casamos.

As coisas eram difíceis, não tínhamos dinheiro, não tínhamos nada. Um parente nos deu um pequeno pedaço de terra, outro nos deu uma galinha, um porquinho, uma vaquinha... Trabalhamos duro e construímos uma modesta casinha de barro batido, com teto de palha... Mas havia muito amor, muita esperança.

Nos casamos. Ele trabalhava na roça, com a enxada na mão, preparando o solo para o plantio. Eu cuidava da casa, da galinha, do porquinho, da vaquinha... A vida seguia seu curso lento e tranquilo.

Até que o primeiro filho chegou: um menino forte, saudável, grande e bonito, que em nada se assemelhava ao pai. Eu contava e sorria com satisfação e contentamento, um tanto irônica.

Trabalhávamos ainda mais, mas o menino enchia a casa de alegria e trabalho. Ele era esperto, agitado, inteligente, cheio de força e energia.

A vida continuava, vieram as meninas, depois mais um menino. Quatro filhos, duas meninas e dois meninos, que nos enchiam de alegria, mas também de grandes responsabilidades e trabalho.

A vida estava difícil, tudo era ainda mais regrado, mais limitado. Mas nós não queríamos que as crianças ficassem presas à vida na roça. Não que houvesse algo de errado com isso, mas nós desejávamos que os meninos estudassem, tivessem uma educação, uma profissão. Não queríamos que eles tivessem uma vida tão limitada e cheia de dificuldades como a nossa.

Eles tinham a obrigação de estudar. Ser alguém - era assim que concebíamos naquela época. Decidimos adquirir um pequeno terreno na cidade e construir uma modesta residência.

Iniciei a minha vida dividida entre o campo e a cidade. Já tínhamos progredido um pouco, compramos mais galinhas, mais porcos, mais vacas e até mais um pedaço de terra.

Tanto eu quanto o Zé trabalhávamos incansavelmente, do amanhecer ao anoitecer, enfrentando bravamente chuva, calor e frio. Na cidade, comecei a confeccionar quitandas para vender. Fabricava e comercializava biscoitos, pães de queijo, bolos, broas de milho, pamonhas, curau... Possuía um talento especial para as quitandas e tudo o que produzia encontrava compradores.

Os filhos cresceram e compreendemos, eu e o Zé, que, embora fosse ainda mais desgastante, eles precisavam ir para a capital estudar. Cientes de que o sacrifício seria maior, valia a pena. Nossos filhos, todos eles, sempre foram responsáveis, esforçados, dedicados, amorosos, respeitosos e atentos aos seus estudos. Na verdade, não era um sacrifício trabalhar tanto e daquela forma, pois a recompensa era imensa.

Eles partiram para a metrópole com o objetivo de estudar e se dedicaram intensamente. Formaram-se e seguiram cada um a sua vocação, o seu talento, aquilo que amavam. Foi isso que sempre ensinamos: fazer o que se gosta e com paixão. Eles seguiram nossos conselhos, graças a Deus!

Casaram-se e tiveram filhos! Eles insistiam para que nós conhecêssemos a cidade grande, mas eu e o Zé não encontrávamos tempo. Nossas tarefas não nos permitiam. Se a vida foi repleta de sacrifícios e trabalho, também nos presenteou com generosidade e prosperidade. Agora, éramos proprietários de uma fazenda, com uma extensa plantação e uma equipe dedicada ao seu cuidado. Possuíamos máquinas, casas, terrenos e uma conta bancária robusta.

Nossos filhos vinham de vez em quando, sempre que possível, e nos convidavam para conhecer suas casas, seus empregos, a praia, o shopping, o cinema... No entanto, nunca encontrávamos tempo...

Um dia, já ao entardecer, eu havia cuidadosamente preparado a mesa com as quitandas que o Zé mais gostava, enquanto coava o café do jeitinho que ele preferia, forte e amargo, utilizando os coadores de pano que sempre conferiam um sabor delicioso à bebida. Foi então que ouvi o ruído da caminhonete estacionando do lado de fora. Ela não entrou na garagem, mas isso era comum, pois frequentemente ele saía à noite para resolver assuntos relacionados à fazenda, ao gado ou aos imóveis.

Enquanto enchia a caneca esmaltada branca com café para servi-lo, um sorriso se formava internamente. O Zé permanecia o mesmo desajeitado de sempre, e eu adorava vê-lo assim. Enquanto servia a bebida, mergulhava em pensamentos sobre a nossa dedicação incansável, a ausência de férias e a falta de um simples fim de semana de descanso... Os 'meninos' - pois, para os pais, os filhos nunca crescem - sempre nos convidam para conhecer suas casas, descobrir o mar... Ah, como eu anseio por sentir a areia sob os pés, provar a água salgada do mar e desvendar se ela realmente possui o sabor do sal... Assim que ele chegar, vou conversar com ele sobre irmos visitar os 'meninos'.

O som da porta se abrindo invadiu meus ouvidos, enquanto sentia a presença envolvente e o aroma inconfundível do Zé. Seu cheiro era uma combinação masculina que exalava paz e segurança. Percebi sua presença atrás de mim e, lentamente, comecei a me virar com a caneca nas mãos, deixando o café escorrer...

Antes que eu pudesse terminar minha frase, ele me interrompeu abruptamente:

- Eu quero o divórcio! Há dez anos, estou com outra mulher e temos dois filhos juntos, um de oito e outro de seis anos. Quero me separar de você. Amanhã, meu advogado entrará em contato para acertar tudo.

Suas palavras caíram como uma bomba, deixando-me imóvel, com a caneca escorrendo café quente pelos dedos até esvaziar-se. Fiquei hipnotizada, incapaz de reagir. A surpresa foi tão avassaladora que nem mesmo as lágrimas conseguiam escapar.

Fiquei ali, imóvel, segurando a caneca e a garrafa, sem saber por quanto tempo. A noite chegou e minha vizinha, uma amiga de longa data, preocupou-se com meu bem-estar ao ver a casa aberta e a caminhonete ausente na porta ou na garagem. Decidiu entrar para verificar o que estava acontecendo.

Felizmente, encontrei apoio e conforto nela. Ela me abraçou com carinho, retirou a caneca e a garrafa das minhas mãos e me fez sentar. Foi nesse momento que as lágrimas finalmente começaram a cair. Eu chorava incessantemente, incapaz de explicar o que havia acontecido. Ela perguntava:

- Aconteceu algo com o Zé? Com os meninos, com as crianças?

Eu balançava a cabeça confusa, incapaz de encontrar respostas claras. As lágrimas escorriam desesperadamente, dilacerando minha alma angustiada.

Passamos a noite assim, imersas em um cenário de angústia. De manhã, mergulhei em um sono pesado e perturbado, despertando em meio a gritos e lágrimas... e lá estava minha amiga, ao meu lado! Que alívio ter alguém em quem confiar nos momentos mais sombrios, alguém que não me abandonaria.

Finalmente, consegui me acalmar o suficiente para compartilhar com ela o que estava acontecendo e, mais uma vez, lágrimas desesperadas inundaram meu rosto. Ela manifestou o desejo de ligar para o Zé e para os meninos, mas eu não permiti. Talvez tenha sido apenas um sonho, um impulso, uma fraqueza... Isso não pode estar realmente acontecendo, não pode ser verdade - eu pensava, falava e me enganava.

O advogado veio ao final do dia, porém não o recebi. Nem no dia seguinte, nem na semana seguinte. Só um mês depois. Eu não estava preparada para enfrentar tal situação. Quando finalmente o recebi, ele adentrou e comunicou que o Zé havia confirmado o pedido de divórcio, mostrando-se extremamente generoso ao me conceder a casa.

Perguntei, perplexa: - "Generoso? Como assim?" Então, o advogado explicou que ele concordou em se divorciar sem levar consigo nenhum bem material. Incredulamente, questionei: "E as fazendas, terrenos, casas, o dinheiro no banco?"

Com um olhar de piedade e até mesmo surpreso diante da minha 'inocência', ele respondeu que não restava mais nada além da casa. Somente depois, por meio do meu advogado, descobri que nos últimos dez anos ele havia transferido todos os nossos bens para o nome da 'outra' e dos filhos que tiveram juntos: uma menina e um menino. Eu assinava tudo sem ler, confiando cegamente, enquanto ele me roubava... me roubava...

Como o amor pode se transformar em ódio em um minuto? Como alguém que um dia amei tanto pode se tornar objeto de ódio com tamanha intensidade, a ponto de ferir? Meu ódio só aumentava, especialmente quando via a 'outra' passar por mim, bela e bem-vestida, ostentando roupas chiques e perfumes caros, dirigindo um carro novo, jovem e radiante, elegante e esbelta... e eu? Velha, desgastada, malvestida, exalando o cheiro do tempero, exausta do árduo trabalho, com mãos calejadas, prematuramente envelhecida pelo sol inclemente...

E os filhos deles? Roupas luxuosas, mochilas de grife nas costas e tênis caros nos pés... e os nossos? Roupas reaproveitadas, tênis rasgados, livros emprestados... Meu Deus, eu não sabia que poderia odiar com tanta intensidade. Parecia que quanto mais odiava, mais espaço havia para que o ódio crescesse...

Eu não dormia, não comia, não sorria. Andava desesperada de um cômodo para outro, sem rumo. Sentia uma sede de vingança incontrolável. Queria causar-lhes mal. Sim, isso mesmo! Queria fazer-lhes mal e sentir o gosto do sangue ainda quente em minha boca. Imaginava-os despedaçados em minúsculos fragmentos... Como doía! O sabor do sangue era uma mistura de prazer e delírio. Eu estava doente, completamente doente.

Pode parecer controverso e dizem que não há relação, mas a minha raiva, mágoa e ressentimento em relação ao Zé, à 'outra' pessoa e aos filhos deles eram tão intensos que, após alguns meses, comecei a perceber algo errado com o meu corpo.

Notei que um dos meus mamilos começou a liberar um líquido, apresentando uma depressão e uma coloração e inchaço diferentes, além de coçar constantemente. Embora não sentisse dor, o desespero tomou conta de mim e busquei imediatamente ajuda e orientação da minha melhor e única amiga.

Descrevi a ela as mudanças que estava notando e, prontamente, ela me orientou a fazer o autoexame de mama. Foi nesse instante que minha percepção se voltou para a presença de um nódulo, um caroço, que não causava dor.

Minha amiga, sempre prática e objetiva, agiu rapidamente e marcou uma consulta com o médico. Ela me tranquilizava, assegurando que provavelmente não era algo grave, mas que precisávamos realizar investigações. Após uma série de exames, o diagnóstico revelou um Carcinoma ductal in situ em estágio inicial. Felizmente, as notícias eram animadoras, com uma taxa de cura de 98%.

Ainda assim, era uma notícia assustadora, misturada com um leve alívio. Saber que havia boas chances de cura era encorajador, mas a ideia de ter um câncer ainda provocava medo e despertava uma revolta ainda maior contra Zé. Afinal, não foi ele o responsável por isso, com sua desonestidade e falta de caráter? Sim, ele foi o causador!

Iniciei imediatamente o tratamento, e minha amiga me apresentou à sua religião, pois ela acreditava que eu também precisava de cura espiritual. O local era acolhedor, com um ambiente e pessoas calorosas. Havia uma variedade de atividades, desde estudos até trabalhos de caridade destinados aos necessitados, além de palestras inspiradoras.

Também tive a oportunidade de conversar com pessoas mais experientes, que conduziam nossas conversas com amor, atenção e sem julgamentos.

No entanto, havia algo que definitivamente me incomodava. Por se tratar de um ambiente espiritual, antes e depois de cada atividade, eles realizavam uma oração. Eu sempre fui uma pessoa religiosa, e não era a oração em si que me incomodava; pelo contrário, eu até gostava.

O que me desagradava e irritava era o fato de alguns insistirem em rezar o Pai Nosso. Especialmente quando chegava na parte que dizia: 'Pai, perdoa nossos pecados, assim como perdoamos os nossos devedores'. Confesso que eu tentava, mas essa parte não. Simplesmente não conseguia...

Não era justo pedir perdão por algo que não era culpa minha. Era ele, Zé, quem deveria pedir perdão a Deus, a Jesus Cristo, a mim, aos seus filhos, à minha família, à família dele, à sociedade, aos amigos... a muitos.

Apesar disso, eu gostava daquele lugar. Pelo menos enquanto estivesse lá, por alguns momentos, conseguia me esquecer dele e do que ele me fez. No entanto, assim que colocava o pé para fora, toda a mágoa, o ressentimento e o ódio intenso voltavam à tona. Eu permanecia lá, tentando aliviar a dor... e como doía... Meu Deus, como doía!

Um dia, algo estranho e quase mágico aconteceu. À noite, tive a oportunidade de conversar com algumas pessoas, assistir a uma palestra e levei uma garrafa de água para ser abençoada, ou, como eles diziam, "fluidificada".

No final, recebi toda a energia e magnetismo das pessoas ao meu redor, envolvendo-me em abraços carinhosos. Naquele dia, o ambiente estava ainda mais calmo e harmonioso, pelo menos foi assim que percebi.

Uma sensação intensa de paz, equilíbrio, esperança e fé me envolvia. Eu não queria partir, retornar à minha triste realidade, então decidi ficar.

Permaneci até o fim das atividades, só me retirando quando não havia mais ninguém presente.

Ao chegar em casa, tarde da noite, deparei-me com um cenário silencioso e escuro, vazio e desolado. Era sempre assim, um vazio intenso e uma escuridão opressiva. Sem acender a luz, dirigi-me diretamente ao quarto e, sem nem tirar a roupa, joguei-me na cama. Fechei os olhos e suspirei profundamente, buscando o sono... e finalmente adormeci...

Há muito tempo eu não sabia o que era adormecer, pois passava noites inteiras lutando em busca de descanso. O sono era tumultuado, invadido por pensamentos desordenados, aflitivos e angustiantes.

Desde que Zé revelou sua verdadeira face, não experimentava mais noites tranquilas, nem um sono reparador. Revirava na cama e acordava repetidamente, enquanto a raiva, o ódio e a revolta me impulsionavam a tocar o espaço vazio onde ele deveria estar. Sentir seu cheiro ainda presente era uma dor insuportável.

Meu Deus, por que isso não acaba? Por que não passa? O incrível é que, apesar de toda a dor, nunca passou pela minha mente a ideia de acabar com a minha própria vida. No entanto, vingar-me, sim! Não se tratava de matar ou morrer, mas sim de eliminar todos eles!

Não me peça para explicar detalhadamente o que ocorreu naquela noite, pois jamais conseguirei... Vou contar à minha maneira, como consigo compreender.

Adormecida, percebi que meu corpo - um outro corpo - se desprendia do meu corpo físico. Flutuava e, do teto, observava meu corpo deitado. Era como se tivesse dois corpos: um corpo material, físico, que permanecia deitado, e outro, mais sutil, que "voava" pelo quarto e observava o corpo deitado.

Vi duas luzes se aproximando, não sei como chamá-las, anjos da guarda, espíritos de luz, anjos protetores, entendeu. Eles se aproximaram e senti uma confiança, amor e paz tão intensos que permiti, sem resistência, que segurassem meu braço e me levassem para o céu. Talvez não haja outro nome.

Partimos em direção ao alto, subíamos, subíamos... parecia não ter fim. Eu sabia que não estava morta, pois vi meu corpo se mexendo suavemente na cama antes de partir.

Após um intervalo de tempo - não consigo precisar quanto tempo se passou - chegamos a um lugar amplo, cercado por árvores e flores. Estava banhado por uma luz intensa e radiante.

Havia também um galpão imponente, resplandecente e magnífico. Percebi que outras pessoas estavam chegando, muitas trazidas por esses seres que eu chamaria de "familiares", "anjos" ou "espíritos", embora não tenha certeza.

Era uma experiência maravilhosa estar ali. Sentia-me protegida e envolta em paz. Sim, uma paz indescritível!

Ao adentrar em um imenso galpão, fui gentilmente convidada a me acomodar e aguardar. A ansiedade me dominava, sem compreender o motivo de ter sido conduzida até ali. No entanto, a felicidade parecia estar ao alcance dos dedos. Mesmo naquele cenário, Zé persistia em invadir meus pensamentos. Por um momento, pensei em como seria bom se ele estivesse ali comigo, mas logo afastei esses pensamentos.

Após algum tempo, um coral iniciou uma melodia suave e encantadora, enquanto um senhor de avançada idade atravessava serenamente o recinto. Seus passos eram leves, e seu sorriso irradiava uma luz singular. Era um idoso cujo olhar transmitia um amor... um amor incondicional. Palavras não são suficientes para descrever a intensidade do que experimentei naquele momento... só posso dizer que chorei...

Não era um choro de sofrimento, mas um choro de acolhimento... Ele subiu ao púlpito e começou a falar. Sua voz era suave, doce, alta, clara e cadenciada. Enquanto eu ouvia, sentia-me bem, pacificada.

Pensamentos como esses se formaram num instante, intensificando minha raiva e dando forma à minha fúria. No entanto, isso não foi tudo. Após mencionar a importância do perdão, setenta vezes sete vezes, ele disse algo mais, algo que despertou em mim uma revolta tão profunda, um ódio e desconforto tão intensos que despertei sobressaltada na cama.

Eu transpirava, tremia, chorava de raiva. Minha cama estava encharcada. Sentia-me trêmula de indignação. Tentei buscar em minha memória o que ele havia dito após o "70 x 7", mas não conseguia lembrar. Tentei, tentei, tentei, mas sem sucesso. Fiquei ali, sentada na cama, vasculhando minha memória e revivendo tudo o que ocorreu naquela noite, mas não adiantava, eu não conseguia me lembrar. Só sabia que estava furiosa, mesmo sem recordar o motivo, pois achava que era ainda mais ofensivo do que o "primeiro" ensinamento.

Perdoar, 70 x 7, tudo bobagem... Não lembrar não significava não se indignar. Eu me exaltava toda vez que a imagem do suposto "benfeitor" surgia em minha mente, parecendo mais um louco alucinado filosofando disparates, idiotices. Era como se ele fosse um desses fanáticos insanos.

Tentei apagar aquelas imagens da minha mente, afinal, havia sido apenas um sonho. Mas não conseguia. Elas sempre voltavam, e eu me enchia de fúria. Decidi compartilhar com minha vizinha e amiga, talvez assim conseguisse me lembrar. No entanto, não adiantou. Não consegui me recordar e fiquei furiosa novamente.

No primeiro domingo após o ocorrido, que se desenrolou entre a sexta-feira e o sábado, recebi uma ligação dos meus filhos informando que estavam a caminho da cidade. Era o Dia das Mães e todos estavam se reunindo. A notícia me encheu de felicidade, ou melhor, de euforia, eu estava radiante. Sentia uma imensa saudade deles, dos meus filhos, dos genros, das noras, dos netos e das netas.

Durante aquela semana, arrumei a casa como há muito tempo não fazia. Vasculhei cada cantinho e eliminei qualquer grãozinho de areia que pudesse estar ali. Lavei todas as louças que tinha em casa, troquei as roupas de cama e arejei as panelas. Comecei a preparar as quitandas: bolo, pão de queijo, broa e rosca caseira, cheirosa e fresquinha. Também fiz empada, rissole e coxinha. Sou uma verdadeira mestra na arte de fazer salgados. Preparei tudo de acordo com o gosto de cada um. Nós, mães da minha época, gostamos de agradar nossos filhos e as pessoas que amamos através do estômago. Essa é a nossa maneira de dizer "eu te amo!"

Sou daquela época em que o amor começa e se conquista pelo estômago. Além disso, nossos filhos nunca crescem e comem mal na cidade grande. Então, também fiz doces: pé de moleque, doce de leite, brigadeiro, quindim, doce de laranja, doce de batata doce, arroz doce, figo e goiabada cascão para comer com queijo. Fiz tudo com muito carinho e capricho.

Varri cada canto da casa, eliminando qualquer grãozinho de areia que pudesse se esconder. Lavei e organizei todas as louças, troquei as roupas de cama e deixei as panelas brilhando. Em seguida, comecei a preparar as quitandas, como se estivesse resgatando uma tradição antiga. Fiz rosca caseira, perfumada e fresquinha. Preparei empadas, rissoles e coxinhas. Sou uma verdadeira mestra na arte de fazer salgados. Confeccionei cada um deles conforme o gosto de cada pessoa.

Sabe, nós, mães, as mães da minha geração, gostamos de agradar nossos filhos e aqueles que nos amam com tamanha intensidade. E a melhor forma de expressar esse amor é através do paladar. Afinal, esses nossos meninos, eles nunca crescem, e na cidade grande, acabam se alimentando mal. Também preparei uma variedade de doces: pé de moleque, doce de leite, brigadeiro, quindim, doce de laranja, doce de batata doce, arroz doce, figo, goiabada cascão para degustar com queijo... Fiz tudo isso com imenso carinho e dedicação.

A semana passou voando, imersa em minhas atividades, mal percebi o tempo passar. Nem tive tempo para nutrir ódio em relação a Zé e os outros que agora vivem com ele. Quando percebi, já era sexta-feira, e quando dei por mim, os "meninos" estavam chegando. Meu coração parecia prestes a explodir de alegria. Eu os abraçava, beijava, ria e chorava, tudo ao mesmo tempo... Corria e os envolvia em meus braços... Ah, meu Deus, como era maravilhoso!

Eles chegaram cansados e foram dormir cedo, é claro, depois de tomar a sopa leve que eu havia preparado e comer algumas quitandas.

No sábado, eles acordaram cedo e foram encontrar os amigos. Enquanto isso, fiquei preparando o almoço. Jogaram futebol, vôlei, nadaram no clube e fizeram churrasco. Quando voltaram, trouxeram alguns amigos.

Tocaram violão, relembraram histórias e travessuras. Cantaram e riram muito. As crianças corriam e gritavam, preenchendo a casa de vida e alegria.

Improvisaram uma piscina de plástico não sei de onde, e as crianças pulavam dentro e fora dela. Eu ri e cantei junto com eles. Perdi a noção do tempo e minha alma se aquecia nesses momentos.

No final do dia, ao entardecer, eu estava cansada, mas feliz e satisfeita. Sempre fui de dormir cedo, pois também sempre acordei cedo. Fui para a cama e os "meninos" continuaram com a festa. Apaguei! Dormi profundamente e não vi nem ouvi mais nada.

No domingo, como de costume, acordei antes mesmo do galo do vizinho. A diferença deste dia é que acordei descansada, leve e animada. Preparei o café, assei pão de queijo, bolo, broa de milho... tudo de novo e com a mesma alegria, por estar fazendo algo pelos que amo.

Em uma casa onde há crianças pequenas, não se dorme até tarde. Os "meninos e minhas meninas" começaram a se levantar, os netos corriam pela casa e ela, a casa, encheu-se novamente de vida e alegria. Estava cheia e eu estava feliz!

As crianças chegaram na cozinha, gritando por "vovó", trazendo presentes, vestindo fraldas, com os olhos cheios de sono, chupando chupeta, cabelos totalmente bagunçados e braços estendidos, querendo meus abraços e carinhos...

Eu estava sentada quando uma criança subiu em meu colo e se pendurou em meu pescoço, enquanto outra escalou minha perna e me deu aquele beijo melequento que a vovó tanto adora. O menorzinho, incapaz de subir, puxava persistentemente minha saia, fazendo uma carinha de choro. Eu o peguei sorrindo. Eles me apertavam, quase me sufocando, e que bom seria "morrer" assim... Meus filhos observavam a cena e riam...

Ali, sentada, com os netinhos pendurados em minhas pernas, peito e pescoço, olhei ao meu redor... Foi nesse instante que minha visão se tornou mais clara e minha mente me transportou para algo além...

Na noite do sonho, fui novamente levada para o "além". Não consigo explicar exatamente onde estive, mas estava na sala onde a palestra ocorria, vendo e ouvindo o palestrante. Mais uma vez, ouvi suas palavras: "Jesus nos ensinou a perdoar setenta vezes sete." Agora, abraçada e envolvida pelos meus netos, não senti mais revolta, ódio, ou desejo de vingança. O amor anestesiou a mágoa, o ressentimento e o ódio.

Olhei à frente, onde estavam sentados meus filhos, filhas, noras e genros. Por cima de suas cabeças, surgiu um imenso telão, como nos grandes shows. A imagem projetada era clara, nítida, e o som perfeitamente audível. Era como se eu estivesse lá novamente, revivendo o que havia acontecido naquela noite, mas que parcialmente havia apagado de minha memória.

Consegui assistir e relembrar o que o palestrante havia dito após as palavras "setenta vezes sete", que tanto me revoltaram e me fizeram voltar ao meu corpo naquela noite, suando em desespero e gritando de revolta. Ele disse:

- "Jesus nos ensinou a perdoar setenta vezes sete. Mas, se isso estiver difícil, seja grato por todo o bem que o ofensor ou agressor tenha feito. Isso não significa ser conivente com o erro ou aceitar que ele continue te agredindo, mas em algum momento houve algo de bom, de relevante..."

Até então, era intolerável para mim ser grata por algo que Zé tivesse feito. Ele havia destruído minha vida, minha alegria e a razão para continuar vivendo. Como poderia ser grata pelo mal que estava vivendo, pela solidão que sentia, por ter sido roubada, traída, enganada e pela doença que havia se instalado em mim? Jamais! Ele deveria pagar por tudo o que me fazia sofrer.

Mas ali, abraçada e envolvida pelo amor dos netos, cercada pelo amor dos filhos e da família, consegui compreender o que o "mentor" estava dizendo. Então, pensei:

- "Se não fosse o Zé, eu não teria as filhas que tenho, não teria os filhos que tenho, não teria as noras e genros que tenho, não teria os netos e netas que tenho... e nem teria essa família que tenho..."

Abraçada a eles, sentindo em meu peito o amor pelo bem que ele me fez ao proporcionar a família que tenho, comecei a rezar, a orar. Inicialmente, baixinho, quase apenas em pensamento e quase com vergonha:

"Pai nosso, que estás no Céu, santificado seja o vosso nome." - abracei ainda mais forte os netos, sentindo o calor de seus corpos quentes - "venha a nós o vosso Reino, seja feita a vossa vontade, assim na terra como no céu. O pão nosso de cada dia nos daí hoje, santificado seja o vosso nome. Perdoa, Pai, as minhas muitas ofensas, porque ao Zé eu já perdoei..."

As lágrimas se misturaram às palavras, agora fortes e ditas com vigor em alto e bom som. Elas fluíam abundantemente do meu peito, molhando o seio materno canceroso e me libertando de toda aquela energia negativa que me envolvia. As lágrimas saíam leves e perfumadas da minha boca, da minha mente e do meu coração.

Foi então que todos que estavam ali, toda a minha família, se levantaram e me abraçaram, me envolvendo com ternura e amor. Juntos, terminamos a oração:

"E não nos deixeis cair em tentação, mas livrai-nos do mal."

Oh, que belo e libertador momento! As correntes que eu havia colocado em mim ao nutrir ódio e desejar vingança se partiram, e eu finalmente me senti livre.

Compreendi que o mal não se paga com o mal, mas sim com o bem. O desamor deve ser contraposto pelo amor.

Nobre é aquele que ama, não aquele que é amado, pois nem sempre aquele que é amado merece ou corresponde ao amor recebido.

Naquele momento, eu soube que seria eternamente grata pelo bem que ele me proporcionou e pela maior felicidade que era a família que juntos, ele e eu, construímos.

É verdade que ele deixou de ser meu marido, é verdade que foi um péssimo companheiro, mentindo, traindo, roubando, enganando... Agora eu sei e vejo, pois as ilusões se dissiparam.

Mas ele não deixou de ser pai, e, portanto, juntos construímos a melhor família que poderíamos ter construído. Talvez não fosse a mais perfeita, mas certamente era a mais amorosa dentro do que poderia ser.

E isso era infinitamente maior do que qualquer raiva, mágoa, ressentimento e ódio.

Era maior do que todo o mal que ele me causou.

Se eu deveria ou não o amar? Não, e não! Mas afinal, o que importa? Eu o amo e amo ainda mais a minha família. Não vou me sentir culpada por amá-lo tão intensamente. O amor é assim, simplesmente amamos sem precisar explicar o porquê! O amor não se explica! O amor não se justifica.

Aquele momento marcou o início da minha cura. Uma cura que abrangeu o corpo físico, o mental e o espiritual. Perdoar a ele por não me amar e perdoar a mim mesma por amá-lo foram os ingredientes necessários para a cura de todos os meus males. O perdão revelou-se como a única cura verdadeira, uma cura que se manifesta de dentro para fora. É a verdadeira cura.

Estou livre! Eu me libertei! O perdão me curou! O amor me libertou! O amor me salvou!

Aquele momento foi o início de uma jornada de cura profunda. A cura do corpo físico, mental e espiritual. Ao perdoá-lo por não me amar e perdoar a mim mesma por amá-lo, abri as portas para a cura de todos os meus males. O perdão se tornou meu elixir de liberdade, uma força poderosa que me guiou para fora das sombras do ressentimento e do ódio.

Com cada ato de perdão, senti-me mais leve, mais plena. E assim, finalmente me libertei! O perdão me curou e me transformou de uma maneira que jamais imaginei. Descobri que o amor é a chave para a verdadeira libertação, capaz de romper todas as amarras do passado.

Ele me libertou das correntes do ressentimento e me mostrou que a felicidade reside no presente, na família amorosa que juntos construímos.

Não importa mais se ele deixou de ser meu marido, pois o amor transcende os títulos e os erros do passado. Sei que alguns questionam se devo amá-lo, mas o amor não se submete a questionamentos. Eu escolho amá-lo intensamente, e amo ainda mais a minha família. Não vou mais me sentir culpada por esse sentimento poderoso, pois o amor não precisa de justificativas.

Essa jornada de perdão e amor marcou o início da minha verdadeira cura, uma cura que se irradiou para todas as áreas da minha vida. Ao renunciar ao ódio e à vingança, encontrei a paz interior e a liberdade que tanto ansiava. Aprendi que o mal não se combate com o mal, mas sim com o bem.

Descobri a nobreza de amar, mesmo quando não somos correspondidos da mesma forma. O amor verdadeiro vai além das imperfeições e das decepções, e é capaz de construir laços familiares profundos e resilientes.

Agradeço eternamente por tudo de bom que ele me proporcionou e pela família que juntos construímos. Apesar de todas as falhas e traições, percebi que o amor que nutrimos pelos nossos filhos é maior do que qualquer mágoa ou ressentimento.

Nossa família pode não ser perfeita, mas é repleta de amor e carinho, e isso supera qualquer adversidade. Não importa se eu deveria ou não o amar, pois o amor não se rege por regras ou expectativas. Amo-o intensamente e amo ainda mais a nossa família.

Não vou mais me envergonhar desse sentimento poderoso, pois o amor vai além de qualquer lógica. Ele cura, liberta e salva.

Assim, sigo adiante, livre das amarras do passado. O perdão me trouxe a cura que tanto buscava, uma cura que se manifesta de dentro para fora.

Estou livre, verdadeiramente livre! O amor me libertou e me salvou, e agora sou capaz de viver uma vida plena e cheia de amor, irradiando essa energia para aqueles ao meu redor.

Que essa história de perdão e amor seja um lembrete impactante para todos nós de que o amor é a verdadeira cura, capaz de transformar vidas e superar qualquer obstáculo.

Que possamos aprender a perdoar, a amar incondicionalmente e a encontrar a nossa própria liberdade. Que o amor seja a força motriz de nossas vidas, guiando-nos para uma existência repleta de paz, compaixão e felicidade duradoura.

Que possamos acreditar que, mesmo diante das adversidades, o amor é capaz de construir pontes, curar feridas e nos levar a um futuro radiante.